Textos Básicos de Sociologia

Coleção Textos Básicos

Textos básicos de antropologia
Cem anos de tradição: Boas, Malinowski, Lévi-Strauss e outros
Celso Castro

Textos básicos de ética
De Platão a Foucault
Danilo Marcondes

Textos básicos de filosofia
Dos pré-socráticos a Wittgenstein
Danilo Marcondes

Textos básicos de filosofia do direito
De Platão a Frederick Schauer
Danilo Marcondes e Noel Struchiner

Textos básicos de filosofia e história das ciências
A revolução científica
Danilo Marcondes

Textos básicos de linguagem
De Platão a Foucault
Danilo Marcondes

Textos básicos de sociologia
De Karl Marx a Zygmunt Bauman
Celso Castro

Celso Castro

Textos Básicos de Sociologia
de Karl Marx a Zygmunt Bauman

5ª reimpressão

ZAHAR

Copyright da seleção, organização e apresentação © 2014 by Celso Castro

Grafia atualizada segundo o Acordo Ortográfico da Língua Portuguesa de 1990, que entrou em vigor no Brasil em 2009.

Capa
Miriam Lerner

Imagens da capa
© Flory/iStock
© Amandaliza/iStock
© Bettmann/Corbis

Revisão
Édio Pullig
Vania Santiago

CIP-Brasil. Catalogação na publicação
Sindicato Nacional dos Editores de Livros, RJ

C351t	Castro, Celso	
	Textos básicos de sociologia / Celso Castro. – 1ª ed. – Rio de Janeiro: Zahar, 2014.	
	Inclui bibliografia	
	ISBN 978-85-378-1265-5	
	1. Sociologia. I. Título.	
14-11239		CDD: 301
		CDU: 316

[2021]
Todos os direitos desta edição reservados à
EDITORA SCHWARCZ S.A.
Praça Floriano, 19, sala 3001 – Cinelândia
20031-050 – Rio de Janeiro – RJ
Telefone: (21) 3993-7510
www.companhiadasletras.com.br
www.blogdacompanhia.com.br
facebook.com/editorazahar
instagram.com/editorazahar
twitter.com/editorazahar

Sumário

Apresentação   7

1. Marx, Engels e a crítica do capitalismo   9

   A ideologia alemã   11

   O caráter fetichista da mercadoria e seu segredo   15

   Questões e temas para discussão   24
   Leituras sugeridas   24

2. Durkheim e o nascimento da sociologia como disciplina científica   25

   O estudo dos fatos sociais e o método da sociologia   26

   Questões e temas para discussão   37
   Leituras sugeridas   38

3. Simmel e a interação social   39

   O âmbito da sociologia   40

   Questões e temas para discussão   50
   Leituras sugeridas   50

4. Weber, Schutz e a sociologia como ciência da compreensão   51

   Sociologia interpretativa   52

   Os tipos ideais   55

   Os três tipos puros de dominação legítima   58

   Questões e temas para discussão   70
   Leituras sugeridas   70

5. A gênese da sociedade ocidental moderna segundo Elias   71

   O processo civilizador: o desenvolvimento do conceito de *civilité*   72

   Questões e temas para discussão   78
   Leituras sugeridas   78

6. Indivíduo, pessoa e biografia: a sociologia da vida cotidiana, por Erving Goffman   79

Biografia e identidade social   80

Questões e temas para discussão   88
Leituras sugeridas   88

7. Regras sociais e comportamentos desviantes: a sociologia do desvio, por Howard S. Becker   89

Outsiders   90

Questões e temas para discussão   98
Leituras sugeridas   99

8. A sociologia do campo político, por Pierre Bourdieu   100

O campo político   101

Questões e temas para discussão   111
Leituras sugeridas   112

9. A transformação das pessoas em mercadoria, por Zygmunt Bauman   113

O segredo mais bem-guardado da sociedade de consumidores   115

Questões e temas para discussão   128
Leituras sugeridas   128

10. Da sociologia como um artesanato intelectual, por C. Wright Mills   129

Sobre o artesanato intelectual   130

Questões e temas para discussão   151
Leituras sugeridas   151

11. A pesquisa de campo em sociologia: a observação participante de William Foote Whyte   152

Sociedade de esquina: a prática da pesquisa   153

Questões e temas para discussão   169
Leituras sugeridas   169

Referências dos textos e traduções   171

APRESENTAÇÃO

Este livro reúne um conjunto de autores e textos importantes da tradição sociológica. Juntos, eles fornecem uma visão abrangente de algumas das principais questões com as quais a sociologia tem lidado. Como qualquer seleção, contudo, é parcial e está sujeita a opções que devo claramente explicitar.

Primeiro, busquei selecionar textos originais dos autores escolhidos, e não textos de comentadores ou sínteses de segunda mão. Privilegiou-se, assim, o contato direto com o pensamento desses autores. Isso não desmerece, de forma alguma, toda a discussão e crítica a que esses autores e textos foram submetidos por inúmeros leitores desde sua publicação original.

Privilegiei também um conjunto de autores considerados "clássicos". Eles assumiram essa condição não apenas em função da qualidade intrínseca de suas obras, mas também pelo fato de terem se tornado referência obrigatória para a sociologia.

Não há, é claro, uma lista consensual de quais seriam os "clássicos". Marx, Durkheim e Weber tornaram-se, de certa forma, autores canônicos do pensamento sociológico, mas, para além deles, a lista perde em consenso. Todos os que estão aqui reunidos, no entanto, nos legaram sem dúvida contribuições importantes. A escolha final, de qualquer forma, é de minha inteira responsabilidade.

Também não busquei selecionar o texto "mais importante" de cada um, até porque não haveria unanimidade a respeito de qual seria. Tive como objetivo reunir um conjunto que oferecesse uma visão geral sobre a perspectiva do cientista social em relação à sociedade que ele busca analisar, porém da qual, ao mesmo tempo, faz parte.

Evitei dividir o livro em diferentes "escolas" de pensamento, por mais que vários dos autores possam ser rotulados de tal ou qual forma. Mais do que conhecer a história do pensamento sociológico, espera-se que esta leitura estimule a reflexão crítica e desnaturalizadora a respeito de aspectos fundamentais do mundo em que vivemos. O contato com os textos deve levar também ao desenvolvimento da sensibilidade para perceber a diversidade das formas da vida social, tanto em sua dimensão histórica quanto cultural.

O livro está estruturado da seguinte forma. No início de cada capítulo, faço uma breve apresentação da vida e da obra do autor e comento os principais temas levantados pelo texto que será lido. Ao final, indico questões e temas para discussão a partir de sua leitura, sugerindo ainda alguma bibliografia adicional.

Este livro e seus textos são, sem dúvida, informativos; mas pretendo, também, que eles sejam formativos – isto é, que ajudem a desenvolver o gosto pela perspectiva sociológica e por aquilo que ela tem a nos oferecer.

CELSO CASTRO

1. Marx, Engels e a crítica do capitalismo

A obra dos alemães Karl Marx (1818-1883) e Friedrich Engels (1820-1895) constituiu-se como a principal crítica já feita ao capitalismo e à sociedade que surgiu a partir de sua dominação. A influência intelectual desses autores, nascida do entrecruzamento entre a tradição filosófica, a economia política clássica e o ativismo político, foi decisiva para várias disciplinas. Indo além do âmbito do pensamento, tornou-se inspiração e bandeira para a atuação política de muitos grupos socialistas e comunistas.

Marx e Engels não se definiram como sociólogos – até porque, à época em que produziram o essencial de suas obras, a sociologia como disciplina ainda não havia se institucionalizado. Isto é, ainda não haviam sido criados os primeiros cursos e departamentos universitários, associações e revistas com esse rótulo. Eles estão, no entanto, presentes em qualquer história do pensamento sociológico pela visão crítica que desenvolveram da sociedade em que viveram e pelo impacto que tiveram em inúmeros sociólogos que se seguiram.

O primeiro dos dois textos selecionados é um extrato de *A ideologia alemã*, escrito por Marx e Engels em 1845, porém não publicado em função da conjuntura política adversa da época (a primeira publicação surgiria apenas em 1932). Nele já aparecem as principais noções da concepção materialista da história desenvolvida por Marx e Engels. O pano de fundo era a crítica aos "jovens hegelianos", filósofos como David Friedrich Strauss, Max Stirner, Bruno Bauer e Ludwig Feuerbach.

O denominador comum a esses filósofos seria, para Marx e Engels, o fato de terem se restringido ao terreno das representações religiosas, deixando em segundo plano outros tipos de representação – políticas, morais etc. Ao fazerem isso, teriam não apenas deixado de analisar a interconexão da filosofia alemã com a realidade efetiva alemã, como também falhado em perceber a interconexão de seu pensamento com sua própria circunstância material.

Marx e Engels acreditam que os seres humanos, tão logo começaram a produzir seus meios materiais de vida (o que os distingue dos animais), tornaram-se dependentes das condições materiais dessa produção. Essa concepção materialista da história humana permitiria compreender como as relações dos indivíduos entre si e suas formas de propriedade se alteraram à medida que foram se desenvolvendo forças produtivas novas e mais poderosas. Teríamos, assim, uma interconexão da estrutura social e política com o modo de produção. As ideias e representações estariam, para Marx e Engels, entrelaçadas na atividade e no intercâmbio material do homem, e seriam por elas determinadas. Daí a definição de ideologia de Marx e Engels como representação invertida da realidade: nela "os homens e suas relações nos aparecem de cabeça para baixo como em uma câmera escura".*

Para além de um instrumento de conhecimento da realidade, a percepção do verdadeiro caráter de dominação da ideologia deveria levar também à sua superação. Em 1845, escrevendo contra Feuerbach, Marx afirmou: "Os filósofos se limitaram a interpretar o mundo diferentemente, cabe transformá-lo."

O segundo texto, sobre o caráter fetichista da mercadoria, foi extraído do primeiro livro de *O capital* (1867), a obra mais importante de Marx. Nessa passagem, ele trata da aparência de autonomia que as coisas assumem na economia capitalista. A ideia religiosa de "fetiche" – objeto ao qual se atribuem poderes sobrenaturais e se presta culto – serve de metáfora para a análise da mercadoria no modo de produção capitalista.

A ilusão da mercadoria consistiria em fazer desaparecer as relações sociais de produção objetivas, que ressurgiriam como mercadorias autônomas que são adquiridas por consumidores "a-históricos". Desse modo, as relações de produção dissolvem-se em relações de mercado, e as coisas parecem possuir as qualidades daqueles que realmente as produziram, passando a exercer um fascínio e dominação sobre eles. Na interpretação de Marx, essa inversão do sujeito em objeto que ocorre em uma "economia de mercado" deve-se à alienação resultante da separação dos produtores em relação aos frutos de seu trabalho.

---

* Antigo aparelho óptico que esteve na origem do desenvolvimento da fotografia. Consiste em uma caixa (ou sala escura) com um pequeno orifício no canto, por onde entra a luz de um lugar externo. Quando um objeto era posto diante do orifício, do lado de fora, sua imagem era reproduzida na superfície interna, porém de forma invertida. (N.O.)

A IDEOLOGIA ALEMÃ

Karl Marx e Friedrich Engels

❝ Até agora, os homens sempre tiveram ideias falsas a respeito de si mesmos, daquilo que são ou deveriam ser. Organizaram suas relações em função das representações que faziam de Deus, do homem normal etc. Esses produtos de seu cérebro cresceram a ponto de dominá-los completamente. Criadores inclinaram-se diante de suas próprias criações. Livremo-los, pois, das quimeras, das ideias, dos dogmas, dos seres imaginários, sob o jugo dos quais eles se estiolam. Revoltemo-nos contra o domínio dessas ideias. Ensinemos os homens a trocar essas ilusões por pensamentos correspondentes à essência do homem, diz alguém; a ter para com elas uma atitude crítica, diz outro; a tirá-las da cabeça, diz o terceiro e – a realidade atual desmoronará.

Esses sonhos inocentes e pueris formam o núcleo da filosofia atual dos jovens hegelianos, que, na Alemanha, não somente é acolhida pelo público com um misto de respeito e medo, mas também é apresentada pelos próprios *heróis filosóficos* com a convicção solene de que essas ideias, de uma virulência criminosa, constituem para o mundo um perigo revolucionário. O primeiro tomo desta obra se propõe a desmascarar esses cordeiros que se consideram, e são considerados, como lobos; mostrar que seus balidos só fazem repetir, em linguagem filosófica, as representações dos burgueses alemães, e que as fanfarronadas desses comentaristas filosóficos só fazem refletir a irrisória pobreza da realidade alemã. Propõe-se ridicularizar e desacreditar esse combate filosófico contra a penumbra da realidade, propícia à sonolência habitada por sonhos em que o povo alemão se compraz.

...

Os velhos hegelianos tinham *compreendido* tudo desde que tinham reduzido tudo a uma categoria da lógica hegeliana. Os jovens hegelianos *criticaram* tudo, substituindo cada coisa por representações religiosas ou proclamando-a como teológica. Jovens e velhos hegelianos estão de acordo em acreditar que a religião, os conceitos e o universal reinavam no mundo existente. A única diferença é que uns combatem, como se fosse usurpação, o domínio que os outros celebram como legítimo.

Para os jovens hegelianos, as representações, ideias, conceitos, enfim, os produtos da consciência aos quais eles próprios deram autonomia, eram considerados como verdadeiros grilhões da humanidade, assim como os velhos hegelianos proclamavam ser eles os vínculos verdadeiros da sociedade humana. Torna-se assim evidente que os jovens hegelianos devem lutar unicamente contra essas ilusões da consciência. Como, em sua imaginação, as relações dos homens, todos os seus atos e gestos, suas cadeias e seus limites são produtos da sua consciência, coerentes consigo próprios, os jovens hegelianos propõem aos homens este postulado moral: trocar a sua consciência atual pela consciência humana, crítica ou egoísta e, assim fazendo, abolir seus limites. Exigir assim a transformação da consciência equivale a interpretar de modo diferente o que existe, isto é, reconhecê-lo por meio de outra interpretação. Apesar de suas frases pomposas, que supostamente "revolucionam o mundo", os ideólogos da escola jovem hegeliana são os maiores conservadores. Os mais jovens dentre eles acharam a expressão exata para qualificar sua atividade, ao afirmarem que lutam unicamente contra uma *"fraseologia"*. Esquecem no entanto que eles próprios opõem a essa fraseologia nada mais que outra fraseologia e que não lutam de maneira alguma contra o mundo que existe realmente ao combaterem unicamente a fraseologia desse mundo. Os únicos resultados a que pôde chegar essa crítica filosófica foram alguns esclarecimentos histórico-religiosos – e assim mesmo de um ponto de vista muito restrito – sobre o cristianismo; todas as suas outras afirmações não passam de novas maneiras de revestir de ornamentos suas pretensões de terem revelado descobertas de um grande alcance histórico – a partir de esclarecimentos insignificantes.

Nenhum desses filósofos teve a ideia de se perguntar qual era a ligação entre a filosofia alemã e a realidade alemã, a ligação entre a sua crítica e o seu próprio meio material.

As premissas de que partimos não são bases arbitrárias, dogmas; são bases reais que só podemos abstrair na imaginação. São os indivíduos reais, sua ação e suas condições materiais de existência, tanto as que eles já encontraram prontas, como aquelas engendradas de sua própria ação. Essas bases são pois verificáveis por via puramente empírica.

A primeira condição de toda a história humana é, naturalmente, a existência de seres humanos vivos. A primeira situação a constatar é, portanto, a constituição corporal desses indivíduos e as relações que ela gera entre eles e o restante da natureza. Não podemos, naturalmente, fazer aqui um estudo mais profundo da própria constituição física do homem, nem das condições naturais, que os homens encontraram já prontas, condições geológicas, orográficas, hidrográficas, climáticas e outras. Toda historiografia deve partir dessas bases naturais e de sua transformação pela ação dos homens, no curso da história.

Podem-se distinguir os homens dos animais pela consciência, pela religião e por tudo o que se queira. Mas eles próprios começam a se distinguir dos animais logo que começam a *produzir* seus meios de existência, e esse passo à frente é a própria consequência de sua organização corporal. Ao produzirem seus meios de existência, os homens produzem indiretamente sua própria vida material.

A maneira como os homens produzem seus meios de existência depende, antes de mais nada, da natureza dos meios de existência já encontrados e que eles precisam reproduzir. Não se deve considerar esse modo de produção sob esse único ponto de vista, ou seja, enquanto reprodução da existência física dos indivíduos. Ao contrário, ele representa, já, um modo determinado da atividade desses indivíduos, uma maneira determinada de manifestar sua vida, um *modo de vida* determinado. A maneira como os indivíduos manifestam sua vida reflete exatamente o que eles são. O que eles são coincide, pois, com sua produção, isto é, tanto com *o que* eles produzem quanto com a maneira *como* produzem. O que os indivíduos são depende, portanto, das condições materiais da sua produção.

Essa produção só aparece com o *aumento da população*. Esta pressupõe, por sua vez, o intercâmbio dos indivíduos entre si. A forma desses intercâmbios se acha, por sua vez, condicionada pela produção. ...

Eis, portanto, os fatos: indivíduos determinados com atividade produtiva segundo um modo determinado entram em relações sociais e políticas determinadas. Em cada caso isolado, a observação empírica deve mostrar nos fatos, e sem nenhuma especulação nem mistificação, a ligação entre a estrutura social e política e a produção. A estrutura social e o Estado nascem continuamente do processo vital de indivíduos determinados; mas desses indivíduos não tais como aparecem nas representações que fazem de si mesmos ou nas representações que os outros fazem deles, mas na sua existência *real*, isto é, tais como trabalham e produzem materialmente; portanto, do modo como atuam em bases, condições e limites materiais determinados e independentes de sua vontade.

A produção das ideias, das representações e da consciência está, a princípio, direta e intimamente ligada à atividade material e ao comércio material dos homens; ela é a linguagem da vida real. As representações, o pensamento, o comércio intelectual dos homens aparecem aqui ainda como a emanação direta de seu comportamento material. O mesmo acontece com a produção intelectual tal como se apresenta na linguagem da política, na das leis, da moral, da religião, da metafísica etc. de todo um povo. São os homens que produzem suas representações, suas ideias etc., mas os homens reais, atuantes, tais como são condicionados por um determinado desenvolvimento de suas forças produtivas e das relações que a elas correspondem, inclusive as mais amplas formas que estas podem tomar. A consciência nunca pode ser mais que o ser consciente; e o ser dos homens é o seu processo de vida real. E, se, em toda a ideologia, os homens e suas relações nos aparecem de cabeça para baixo como em uma câmera escura, esse fenômeno decorre de seu processo de vida histórico, exatamente como a inversão dos objetos na retina decorre de seu processo de vida diretamente físico.

Ao contrário da filosofia alemã, que desce do céu para a terra, aqui é da terra que se sobe ao céu. Em outras palavras, não partimos do que os homens dizem, imaginam e representam, tampouco do que eles são nas palavras, no pensamento, na imaginação e na representação dos outros, para depois se chegar aos homens de carne e osso; mas partimos dos homens em sua atividade real, é a partir de seu processo de vida real que representamos também o desenvolvimento dos reflexos e das repercussões ideológicas desse processo vital. E mesmo as fantasmagorias existentes no cérebro humano são sublimações resultantes necessariamente do processo de sua vida material, que podemos constatar empiricamente e que repousa em bases materiais. Assim, a moral, a religião, a metafísica e todo o restante da ideologia, bem como as formas de consciência a elas correspondentes, perdem logo toda a aparência de autonomia. Não têm história, não têm desenvolvimento; ao contrário, são os homens que, desenvolvendo sua produção material e suas relações materiais, transformam, com a realidade que lhes é própria, seu pensamento e também os produtos do seu pensamento. Não é a consciência que determina a vida, mas sim a vida que determina a consciência. Na primeira forma de considerar as coisas, partimos da consciência como sendo o indivíduo vivo; na segunda, que corresponde à vida real, partimos dos próprios indivíduos reais e vivos, e consideramos a consciência unicamente como a *sua* consciência.

Essa forma de considerar as coisas não é isenta de pressupostos. Ela parte das premissas reais e não as abandona por um instante sequer. Essas premissas são os homens, não os homens isolados e definidos de algum modo imaginário, mas envolvidos em seu processo de desenvolvimento real em determinadas condições, desenvolvimento esse empiricamente visível. Desde que se represente esse processo de atividade vital, a história deixa de ser uma coleção de fatos sem vida, tal como é para os empiristas, que são eles próprios também abstratos, ou a ação imaginária de sujeitos imaginários, tal como é para os idealistas.

É aí que termina a especulação, é na vida real que começa portanto a ciência real, positiva, a análise da atividade prática, do processo, do desenvolvimento prático dos homens. Cessam as frases ocas sobre a consciência, para que um saber real as substitua. Com o conhecimento da realidade, a filosofia não tem mais um meio para existir de maneira autônoma. Em seu lugar, poder-se-á no máximo colocar uma síntese dos resultados mais gerais que é possível abstrair do estudo do desenvolvimento histórico dos homens. Essas abstrações, tomadas em si mesmas, desvinculadas da história real, não têm absolutamente nenhum valor. Podem quando muito servir para a classificação mais fácil da matéria histórica, para indicar a sucessão de suas estratificações particulares. Mas não dão, de modo algum, como a filosofia, uma receita, um esquema segundo o qual se possam ordenar as épocas históricas. Ao contrário, a dificuldade só começa quando nos pomos a estudar e a classificar essa matéria, quer se trate de uma época passada ou do tempo presente, e a analisá-la realmente.

O CARÁTER FETICHISTA DA MERCADORIA E SEU SEGREDO

Karl Marx

À primeira vista, uma mercadoria parece uma coisa óbvia, trivial. De sua análise resultou que ela é uma coisa muito complicada, cheia de sutileza metafísica e de caprichos teológicos. Como valor de uso, nada há de misterioso nela, tanto se eu a considerar do ponto de vista de que, por suas propriedades, ela satisfaz necessidades humanas, quanto de que ela adquire essas propriedades apenas como produto do trabalho humano. É claro que, por sua atividade, o homem modifica as formas das matérias naturais em modos úteis a ele. A forma da madeira, por exemplo, é modificada quando dela se faz uma mesa. Nem por isso a mesa deixa de ser madeira, uma ordinária coisa sensível. Mas assim que ela irrompe como mercadoria, transforma-se em uma coisa *sensível suprassensível*. Ela só mantém os pés no chão, mas se defronta de cabeça para baixo com todas as outras mercadorias e desenvolve em sua cabeça de madeira cismas muito mais prodigiosas do que se começasse a dançar voluntariamente.

O caráter místico da mercadoria não surge, portanto, do seu valor de uso. Tampouco surge do conteúdo das determinações de valor. Pois, primeiro, por mais diversos que possam ser os trabalhos úteis ou atividades produtivas, é uma verdade fisiológica serem eles funções do organismo humano e cada uma de tais funções, seja qual for seu conteúdo e sua forma, ser dispêndio essencial de cérebro, nervo, músculo, sentidos etc. Segundo, quanto ao que está no fundamento da determinação da grandeza de valor, a duração daquele dispêndio ou a quantidade de trabalho, a quantidade é distinguível da qualidade até pelos sentidos. Sob todas as condições, o tempo de trabalho que custa a produção dos meios de vida deve interessar às pessoas, embora não de modo igual em níveis de desenvolvimento diversos. Por fim, tão logo as pessoas trabalhem umas para as outras de um modo qualquer, seu trabalho adquire uma forma social.

De onde surge então o caráter enigmático dos produtos do trabalho assim que eles assumem a forma de mercadoria? Evidentemente, desta mesma forma. A igualdade dos trabalhos humanos adquire a forma coisificada da objetividade igual de valor dos produtos de trabalho, a medida do dispêndio de força humana de trabalho pela sua duração adquire a forma da grandeza de valor dos produtos de trabalho, e, finalmente, as relações dos produtores, que devem efetuar seus trabalhos dentro daquelas determinações sociais, adquirem a forma de uma relação social dos produtos de trabalho.

O misterioso da forma mercadoria consiste, portanto, simplesmente em que elas refletem aos homens as características sociais de seu próprio trabalho como características objetivas dos produtos mesmos do trabalho, como propriedades naturais sociais destas coisas e, daí, reflete também as relações sociais dos produtores com o trabalho conjunto como uma relação existente fora deles, entre objetos. Por esse quiproquó, os produtos de trabalho se tornam mercadorias, coisas sensíveis suprassensíveis, ou sociais. Assim também a impressão luminosa de uma coisa sobre o nervo óptico não se apresenta como um estímulo subjetivo do próprio nervo óptico, mas como forma objetiva de uma coisa fora do próprio olho. Mas, ao olhar, de fato é lançada a luz de uma coisa, um objeto externo, sobre uma outra coisa, o olho. É uma relação física entre coisas físicas. Ao contrário, a forma de valor e a relação de valor dos produtos de trabalho em que ela se apresenta não têm absolutamente nada que ver com a sua natureza física e com as referências de coisa que surgem dessa última. É apenas a relação social determinada dos próprios homens que assume aqui a forma fantasmagórica de uma relação entre coisas. Para encontrar uma analogia, daí devemos escapar para a região nebulosa do mundo religioso. Aqui os produtos da cabeça humana parecem dotados de vida própria, relacionando-se uns com os outros e com os homens em figuras autônomas. Assim se passa no mundo das mercadorias com os produtos da mão humana. Isto eu chamo de fetichismo, que adere aos produtos do trabalho tão logo eles são produzidos como mercadorias, e que é inseparável, portanto, da produção de mercadorias.

Esse caráter fetichista do mundo das mercadorias surge, como já o mostrou a análise precedente, do caráter propriamente social do trabalho que produz mercadorias.

Os objetos de uso tornam-se geralmente mercadorias apenas porque são produtos de trabalhos privados executados independentemente uns dos outros. O complexo desses trabalhos privados forma o trabalho conjunto social. Como os produtores entram em contato social só com a troca de seus produtos de trabalho, as características especificamente sociais de seus trabalhos privados também só aparecem nessa troca. Ou seja, os trabalhos privados efetuam-se realmente como membros do trabalho conjunto social só através das referências em que a troca transplanta os produtos de trabalho e, por seu intermédio, os produtores. Para esses últimos, as referências sociais de seus trabalhos privados aparecem, por isso, como o que são, isto é, não como relações sociais imediatas das pessoas em seus próprios trabalhos, mas antes como relações coisificadas das pessoas e relações sociais das coisas.

Só dentro de sua troca os produtos de trabalho adquirem uma objetividade de valor socialmente igual, separada de sua objetividade de uso, sensível e diversificada. Esta cisão do produto de trabalho em coisa útil e coisa de valor efetua-se apenas na prática, tão logo a troca já tenha conquistado importância e extensão suficientes, para que coisas úteis sejam produzidas para a troca e, portanto, o caráter de valor das coisas já seja considerado na sua própria produção. A partir desse instante, os trabalhos privados dos produtores adquirem de fato um caráter social duplo: por um lado, eles devem satisfazer uma determinada necessidade social como trabalhos úteis determinados, e assim se comprovar como membros do trabalho conjunto, do sistema espontâneo da divisão social do trabalho. Por outro lado, eles só satisfazem as múltiplas necessidades de seus próprios produtores se cada trabalho privado útil particular for permutável por qualquer outro tipo de trabalho privado útil, ou seja, equivalha a ele. A igualdade *toto coelo* (completa) de trabalhos diversos só pode consistir em uma abstração de sua desigualdade efetiva, na redução ao caráter comum que eles possuem como dispêndio de força humana de trabalho, de trabalho humano abstrato. O cérebro dos produtores privados espelha esse duplo caráter social de seus trabalhos privados apenas sob as formas em que aparecem no intercâmbio prático, na troca de produtos: o caráter socialmente útil de seus trabalhos privados, portanto, sob a forma em que o produto de trabalho deve ser útil e, na verdade, para outros; o caráter social da igualdade de trabalhos de tipo variado sob a forma do caráter de valor comum dessas coisas materialmente diversas, os produtos de trabalho.

Os homens não referem seus produtos de trabalho uns aos outros como valores, portanto, por essas coisas contarem para eles como simples invólucros coisificados de trabalho humano de tipo igual. Ao contrário. Na medida em que equiparam mutuamente como valores os seus produtos de tipo variado na troca, eles equiparam mutuamente seus diversos trabalhos como trabalho humano. Eles não o sabem, mas o fazem. Não está escrito na testa do valor, portanto, o que ele é. Antes, o valor transforma cada produto de trabalho em um hieróglifo social. Mais tarde, os homens tentam decifrar o sentido do hieróglifo, chegar ao segredo de seu próprio produto social, pois a definição dos objetos de valor como valores é seu produto social tanto quanto a linguagem. A descoberta científica tardia de que os produtos de trabalho, na medida em que são valores, são simples expressões coisificadas do trabalho humano despendido em sua produção faz época na história do desenvolvimento da humanidade, mas de modo algum afugenta a aparência objetiva das características sociais do trabalho. Aquilo que é válido então para esta forma de produção particular, a produção de mercadorias, a saber, que o caráter especificamente social dos trabalhos privados independentes uns dos outros consiste em sua igualdade como trabalho humano e assume a forma do caráter de valor dos produtos de trabalho, aparece para aqueles presos às relações da produção de valor do mesmo modo definitivo antes e depois da descoberta, assim como a decomposição científica do ar em seus elementos permite que perdure a forma do ar como uma forma corpórea física.

O que interessa na prática, antes de tudo, a quem troca produtos, é a questão de quantos produtos estranhos ele vai adquirir com seu próprio produto, ou seja, em quais proporções os produtos se trocam. Assim que essas proporções amadurecem para uma certa estabilidade estabelecida pelo costume, elas parecem surgir da natureza dos produtos do trabalho, de modo que, por exemplo, uma tonelada de ferro e duas onças de ouro se equivalem, da mesma maneira que uma libra de ouro e uma libra de ferro são igualmente pesadas, apesar de suas distintas propriedades físicas e químicas. De fato, o caráter de valor dos produtos de trabalho só se firma com sua efetuação como grandezas de valor. Estas últimas mudam constantemente, independentemente da vontade, da previsão e do agir dos permutadores. Seu movimento social próprio possui para eles a forma de um movimento de coisas, sob cujo controle eles estão, em vez de o controlar. É preciso uma produção de mercadorias completamente desenvolvida antes que da própria experiência brote a compreensão de que os trabalhos privados, exercidos independentemente uns dos outros, mas, como membros espontâneos da divisão social do trabalho, por toda parte dependentes uns dos outros, possam ser reduzidos progressivamente à sua medida socialmente proporcional; porque, nas relações de troca casuais e sempre oscilantes de seus produtos, o tempo de trabalho socialmente necessário para a sua produção impõe-se violentamente como uma lei natural reguladora, mais ou menos a lei da gravidade, quando a alguém a casa desaba sobre a cabeça. Por isso, a determinação da grandeza de valor pelo tempo de trabalho é um dos segredos ocultos sob os movimentos aparentes dos valores relativos das mercadorias. Sua descoberta ultrapassa a aparência da determinação meramente casual das grandezas de valor dos produtos de trabalho, mas de modo algum sua forma coisificada.

A reflexão sobre as formas da vida humana, e assim também a sua análise científica, segue em geral um caminho oposto ao do desenvolvimento efetivo. Começa *post festum* e com os resultados prontos do processo de desenvolvimento. As formas que marcam os produtos de trabalho como mercadorias e que são pressupostas, daí, na circulação de mercadorias, possuem já a firmeza de formas naturais da vida social, antes de os homens tentarem se dar conta não do caráter histórico dessas formas, que valem para eles como já imutáveis, mas do seu teor. Assim, foi apenas a análise dos preços das mercadorias que levou à determinação da grandeza de valor, apenas a expressão comunitária em dinheiro das mercadorias que fixou o seu caráter de valor. Mas é justamente essa forma pronta do mundo das mercadorias – a forma dinheiro – que disfarça em coisas o caráter social dos trabalhos privados e, daí, as relações sociais dos trabalhadores privados, em vez de revelá-los. Quando digo que casaco, botas etc. referem-se a pano como à corporificação de trabalho humano abstrato, a loucura dessa expressão salta à vista. Mas quando os produtores de casacos, botas etc. referem essas mercadorias a pano – ou a ouro e a prata, o que em nada altera a questão – como equivalente geral, a referência de seus trabalhos privados ao trabalho conjunto social aparece para eles exatamente nessa forma enlouquecida.

Formas desse tipo constituem até as categorias da economia burguesa. São as formas de pensamento socialmente válidas e, portanto, objetivas, para as relações de produção desse modo de produção social historicamente determinado, a produção de mercadorias. Todo o misticismo do mundo das mercadorias, toda a magia e o fantasmagórico que enevoam os produtos do trabalho sobre a base da produção de mercadorias, portanto, desaparece prontamente assim que nos refugiamos em outras formas de produção.

Como a economia política gosta de robinsonadas*, aparece primeiro Robinson em sua ilha. Apesar de modesto por criação, ele tem de satisfazer necessidades de diversos tipos e deve então realizar trabalhos úteis de diversos tipos, fazer ferramentas, fabricar móveis, domesticar lhamas, pescar, caçar etc. De orações e coisas semelhantes não falamos aqui, pois nosso Robinson encontra nisso seu prazer e considera atividades assim como repouso. Apesar da diversidade de suas funções produtivas, ele sabe que elas são somente formas diversas de ocupação do mesmo Robinson, ou seja, somente modos

---

* Referência ao romance *Robinson Crusoe*, de Daniel Defoe, pulicado em 1719, e que conta a história de um náufrago que sobreviveu sozinho numa ilha por muitos anos. Marx refere-se ironica e criticamente à naturalização do indivíduo isolado e autônomo, como se Robinson fosse o arquétipo do "homem econômico". (N.O.)

diversos do trabalho humano. A própria necessidade o obriga a distribuir seu tempo precisamente entre as suas diversas funções. Se uma delas toma mais e a outra menos espaço em sua atividade total, depende da maior ou menor dificuldade que tem de superar para conseguir o efeito útil pretendido. A experiência lhe ensina isso, e nosso Robinson, que salvou do naufrágio o relógio, o livro-razão, tinta e pena, começa logo, como bom inglês, a escriturar a si mesmo. O seu inventário contém um índice de objetos de uso que ele possui, das diversas operações requeridas para a sua produção e, por fim, do tempo de trabalho que em média custam a ele quantidades determinadas desses diversos produtos. Todas as referências entre Robinson e as coisas que formam a riqueza criada por ele mesmo são aqui tão simples e transparentes que até o sr. M. Wirth pode entendê-las sem especial esforço intelectual. E, no entanto, aí estão contidas todas as determinações essenciais do valor.

Desloquemo-nos agora da luminosa ilha de Robinson para a tenebrosa Idade Média europeia. Em lugar do homem independente, encontramos todos dependentes – servos e senhores feudais, vassalos e suseranos, leigos e sacerdotes. A dependência pessoal caracteriza tanto as relações sociais da produção material quanto as esferas de vida construídas sobre ela. Mas até porque relações de dependência pessoal formam a base social dada, produtos e trabalhos não precisam adotar uma figura fantástica, diversa de sua realidade. Eles entram no mecanismo social como serviços naturais e rendimentos naturais. A forma natural do trabalho, sua particularidade, e não a sua generalidade, como sobre a base da produção de mercadorias, é aqui sua forma social imediata. O trabalho servil é medido pelo tempo tanto quanto o trabalho produtor de mercadorias, mas qualquer servo sabe que é um *quantum* determinado de sua força de trabalho pessoal que ele despende no serviço de seu senhor. O dízimo prestado ao padre é mais claro que a bênção do padre. Qualquer que seja a forma como se julgam as máscaras em que os homens se defrontam aqui, as relações sociais das pessoas em seus trabalhos aparecem de todo modo como suas próprias relações pessoais e não disfarçadas de relações entre coisas, os produtos de trabalho.

Para a investigação do trabalho comum, isto é, imediatamente socializado, não temos de recuar para sua forma espontânea, tal como encontrada no limiar da história de todos os povos civilizados. A indústria patriarcal rural de uma família camponesa, que produz grãos, gado, fio, pano, roupas para as próprias necessidades, forma um exemplo mais próximo. Essas coisas diversas se defrontam à família como produtos diversos de seu próprio trabalho familiar, mas não a si mesmas reciprocamente como mercadorias. Os diversos trabalhos que geram esses produtos, lavoura, criação de gado, fiação, tecelagem, alfaiataria, são funções sociais em sua forma natural, porque funções da família, que possui sua própria e espontânea divisão do trabalho tanto quanto a produção de mercadorias. Diferenças de sexo e de idade, bem como as condições naturais do trabalho que mudam com as estações do ano, regulam a sua divisão entre a família e o tempo de trabalho dos membros singulares da família. Mas o dispêndio das forças de trabalho individuais, medidas pelo tempo de trabalho, aparece aqui desde o começo como determinação social dos próprios trabalhos, pois as forças de trabalho individuais atuam desde o começo como órgãos da força de trabalho comum da família.

Imaginemos, por fim, para variar, uma associação de homens livres, que trabalham com meios de produção comunitários e despendem conscientemente suas muitas forças de trabalho individuais como uma forma de trabalho social. Todas as determinações do trabalho de Robinson se repetem aqui, só que social e não individualmente. Todos os produtos de Robinson eram exclusivamente seu produto pessoal e, por isso, imediatamente objetos de uso para ele. O produto conjunto da associação é um produto social. Uma parte desse produto servirá novamente como meio de produção. Ele permanece social. Mas uma outra parte será gasta como meio de vida pelos membros da associação. Deve ser dividida entre eles, portanto. O tipo dessa divisão mudará com o próprio tipo particular de organismo de produção social e o correspondente nível de desenvolvimento social dos produtores. Só como paralelo com a produção de mercadorias, suponhamos que a cota de meios de vida de cada produtor seja determinada por seu tempo de trabalho. O tempo de trabalho desempenharia, assim, um duplo papel. Sua divisão social planificada regula a proporção entre as diversas funções de trabalho e as diversas necessidades. Por outro lado, o tempo de trabalho serve ao mesmo tempo de medida da cota individual dos produtores no trabalho conjunto e, daí, também na parte individualmente gasta do produto total. As referências sociais das pessoas a seus trabalhos e a seus produtos de trabalho permanecem aqui transparentes, tanto na produção como na distribuição.

Para uma sociedade de produtores de mercadorias, cuja relação de produção social em geral consiste em comportar-se para com seus produtos como mercadorias, ou seja, como valores, e em referir seus trabalhos privados uns aos outros sob essa forma coisificada como trabalho humano igual, o cristianismo é a religião mais adequada, com seu culto do homem abstrato, especialmente, com seu desenvolvimento burguês, no protestantismo, no deísmo etc. Nos modos de produção da velha Ásia ou da Antiguidade, a transformação dos produtos em mercadoria e, por isso, a existência dos homens como produtores de mercadorias desempenha um papel subordinado, que se torna mais significativo, porém, quanto mais a comunidade entra no estágio de seu declínio. Povos propriamente comerciais existiam apenas nos intermundos do mundo antigo, como os deuses de Epicuro ou como os judeus nos poros da sociedade polonesa. Aqueles velhos organismos de produção são extraordinariamente mais simples e transparentes que o burguês, mas repousam seja na imaturidade do homem individual, que ainda não havia se desprendido do cordão umbilical do nexo natural com os outros do mesmo gênero, seja em relações imediatas de domínio e servidão. Eles são condicionados por um nível baixo de desenvolvimento das forças produtivas do trabalho e relações correspondentemente limitadas dos homens em seus processos materiais de produção de vida, ou seja, uns com os outros e com a natureza. Essa restrição efetiva se espelha idealmente nas antigas religiões naturais e populares. O reflexo religioso do mundo efetivo só pode desaparecer, em geral, quando as relações no mecanismo da vida prática cotidiana se apresentarem para os homens diariamente como referências transparentes e racionais de uns com os outros e com a natureza. A figura do processo de vida social, isto é, do processo de produção material, despirá o seu véu de névoa mística apenas quando se colocar como produto de homens livremente sociabilizados e sob seu controle consciente e planificado. Para isso, no entanto, é preciso uma base material para a sociedade ou uma série de condições de existência material, que são, elas mesmas, o produto espontâneo de uma história de desenvolvimento longo e penoso.

A economia política analisou, de fato, embora de modo incompleto, o valor e a grandeza de valor e descobriu o conteúdo entranhado nessas formas. Ela jamais nem sequer propôs a questão de por que esse conteúdo assume aquela forma, por que então o trabalho se apresenta no valor e a medida do trabalho pela sua duração, na grandeza do produto de trabalho. Fórmulas em cuja testa está escrito que elas pertencem a uma formação social na qual o processo de produção domina o homem, e ainda não o homem o processo de produção, valem para a sua consciência burguesa como uma necessidade natural tão óbvia quanto o próprio trabalho produtivo. Formas pré-burguesas do organismo de produção social são consideradas por ela, assim, do mesmo modo como os padres da Igreja consideram as religiões pré-cristãs.

Quanto se ilude uma parte dos economistas pelo fetichismo aderido ao mundo das mercadorias, ou pela aparência objetiva das determinações sociais de trabalho, demonstra, entre outras coisas, a tediosa disputa sobre o papel da natureza na formação do valor de troca. Como o valor de troca é um determinado estilo social de expressar o trabalho empregado em uma coisa, ele não pode conter mais matéria natural do que, por exemplo, a cotação do câmbio.

Como a forma de mercadoria é a forma mais geral e não desenvolvida da produção burguesa, e por isso irrompe cedo, embora não na mesma maneira dominante e característica de hoje em dia, o seu caráter de fetiche parece ainda relativamente fácil de penetrar. Em formas mais concretas desaparece mesmo essa aparência de simplicidade. De onde vêm as ilusões do sistema monetário? Ele não considerava que, como dinheiro, no ouro e na prata se apresentava uma relação de produção social, mas como forma de coisas naturais com propriedades sociais extravagantes. E a economia moderna, que desdenha altaneira do sistema monetário, não é palpável o seu fetichismo, tão logo ela passa a tratar do capital? Faz muito tempo que desapareceu a ilusão fisiocrática de que a renda da terra brota do solo e não da sociedade?

Contudo, para não antecipar, é suficiente aqui um exemplo ainda referente à própria forma mercadoria. Pudessem as mercadorias falar, elas diriam: "nosso valor de uso pode interessar às pessoas. Isso não nos compete como coisas. O que nos compete como coisas é o nosso valor. Nossa própria circulação como coisas mercantis demonstra-o. Nós nos referimos umas às outras apenas como valores de troca". Escute-se então como o economista proclama a alma da mercadoria:

> O valor (valor de troca) é uma propriedade das coisas; a riqueza, dos homens. Nesse sentido, o valor implica necessariamente a troca; a riqueza (valor de troca), não. A riqueza (valor de uso) é um atributo do homem, o valor é um atributo das mercadorias. Um homem, ou uma comunidade, é rico; uma pérola, ou um diamante, é valiosa... Uma pérola, ou um diamante, é valiosa como uma pérola ou diamante.[1]

Até hoje, nenhum químico descobriu valor de troca em pérolas ou diamantes. Mas os descobridores econômicos dessa substância química, que reivindicam especial profundidade crítica, acham que o valor de uso das coisas é independente das suas propriedades de coisa, e que, ao contrário, o valor é atribuído a elas como coisas. O que se comprova aqui é a circunstância estranha de que o valor de uso das coisas se realiza para os homens sem troca, ou seja, na relação imediata entre coisa e homem; e que o seu valor, ao contrário, só na troca, isto é, em um processo social. Quem não se lembrará aqui do bom Dogberry ensinando ao vigia Seacoal?

> Ser um homem de boa aparência é um dom das circunstâncias, mas saber ler e escrever vem da natureza.*

---

[1] Samuel Biley, *A Critical Dissertation on the Nature, Measures, and Causes of Value; chiefly in Reference to the Writings of Mr. Ricardo and His Followers.* Londres, 1825, p.165 et passim.
* A referência de Marx é aos personagens citados do 3º ato, cena 3, de *Muito barulho por nada*, de Shakespeare. Com a ironia da passagem, ele expõe a inversão em que alguns economistas refletem a inversão da própria realidade do "mundo das mercadorias": o elemento natural aparece como se fosse "circunstância" social, ao passo que o elemento social aparece como se fosse natural. Ou, ainda, a boa "aparência" é definida pela "circunstância", ou seja, a forma de aparecimento é secundária e não relacionada à natureza, à essência das coisas; daí esses economistas não conseguirem enxergar o valor de troca como forma de aparecimento do valor, interno à mercadoria. (N.T.)

QUESTÕES E TEMAS PARA DISCUSSÃO

1. Explore a ideia de ideologia como representação invertida da realidade. Analise, por exemplo, como explicações a respeito da pobreza ou de diferenças sociais de origem supostamente naturais entre os sexos podem ocultar relações de dominação social.
2. Discuta como a publicidade transforma e "fetichiza" objetos tangíveis em intangíveis – um carro ou uma bebida em um estilo de vida ou uma percepção de *status*, por exemplo.

LEITURAS SUGERIDAS

Bauman, Zygmunt. *Vida para consumo: a transformação das pessoas em mercadoria*. Rio de Janeiro, Zahar, 2008.

Bottomore, Tom. *Dicionário do pensamento marxista*. Rio de Janeiro, Zahar, 2ª ed., 2002.

Boyle, David. *O "Manifesto comunista" de Marx e Engels*. Rio de Janeiro, Zahar, 2006.

Marx, Karl e Friedrich Engels. *A ideologia alemã*. São Paulo, WMF Martins Fontes, 2008.

Strathern, Paul. *Marx em 90 minutos*. Rio de Janeiro, Zahar, 2ª ed. revista, 2006.

Whenn, Francis. *"O capital" de Marx: uma biografia*. Rio de Janeiro, Zahar, 2007.

2. Durkheim e o nascimento da sociologia como disciplina científica

O francês Émile Durkheim (1858-1917) foi um dos principais "pais fundadores" da sociologia como disciplina científica. Foi personagem fundamental de sua "institucionalização" na França – isto é, na criação, formalização e continuidade da sociologia no espaço acadêmico. Esse processo passou pela criação dos primeiros cursos, revistas e diplomas de sociologia. Durkheim ocupou a primeira cadeira universitária com esse nome (em Bordéus, 1887) e fundou, em 1896, o *L'Année sociologique* (Anuário sociológico), que se tornou a principal revista de sociologia da França, divulgando o pensamento da "escola" durkheimiana, que teve muitos discípulos.

Esse não foi, todavia, um processo simples nem fácil. Para fundar a disciplina na França, Durkheim precisou em primeiro lugar se diferenciar tanto de filósofos que publicaram textos a respeito do que chamaram também de "sociologia", como Auguste Comte e Herbert Spencer, bem como disputar reconhecimento e legitimidade com contemporâneos como Gabriel Tarde e Arnold van Gennep.

Esse processo envolveu também, e acima de tudo, a defesa da existência de um objeto exclusiva e propriamente sociológico – o "fato social", distinto do objeto de outras áreas do conhecimento, como a biologia, a filosofia, a psicologia, o direito, a economia etc. Esse objeto demandaria a codificação de um método específico para tratá-lo e de uma ciência distinta e autônoma – a sociologia – para descobrir as leis de seu funcionamento.

O texto que se segue foi retirado do capítulo 1 e da conclusão de um livro publicado em 1895 que tem como título *As regras do método sociológico*. Nele, Durkheim defende que os fatos sociais existem "fora" das consciências individuais, sendo-lhes exteriores e antecedendo-as. Seu substrato é a sociedade, ou partes dela. Além disso, essa espécie de consciência pública ou coletiva exerce um poder de coerção que se impõe, de maneira mais ou menos perceptível, aos indivíduos. Durkheim defende, assim, que eles são uma espécie nova de fenômenos, e que fazem parte do domínio exclusivo da sociologia.

O ESTUDO DOS FATOS SOCIAIS E O MÉTODO DA SOCIOLOGIA

Émile Durkheim

❝ O que é um fato social?

Antes de buscar o método que convém ao estudo dos fatos sociais, é importante saber que fatos são esses assim denominados.

A questão é tanto mais urgente na medida em que tal atributo é adotado sem muita precisão, sendo empregado, no uso corriqueiro, para designar praticamente todos os fenômenos que se dão no âmbito da sociedade, ainda que estes não ofereçam, além de certa generalidade, qualquer interesse social. Desse ponto de vista, contudo, não há, por assim dizer, acontecimentos humanos passíveis de ser considerados sociais. Todo indivíduo bebe, dorme, come e raciocina, e a sociedade tem todo interesse em que essas funções sejam normalmente exercidas. Se, portanto, estes fossem fatos sociais, a sociologia não teria objeto que lhe fosse específico e seu domínio se confundiria com o da biologia e da psicologia.

Na realidade, porém, em toda sociedade há um grupo determinado de fenômenos cujas características se distinguem nitidamente daquelas estudados pelas outras ciências da natureza.

Quando desempenho meu papel de irmão, esposo ou cidadão, ou assumo os compromissos que firmei, cumpro deveres definidos, fora de mim e de meus atos, no direito e nos costumes. Mesmo quando estes coincidem com meus sentimentos e sinto intimamente sua realidade, esta não deixa de ser objetiva; pois não fui eu quem os estipulei, tendo-os recebido por intermédio da educação. Quantas vezes, aliás, acontece de ignorarmos os detalhes das obrigações que nos incumbem e, para conhecê-los, precisarmos consultar o Código e os intérpretes autorizados! Da mesma forma, o fiel já encontra as crenças e práticas de sua vida religiosa todas prontas ao nascer; se existiam antes dele, é porque existem fora dele. O sistema de signos de que me sirvo para exprimir meu pensamento, o sistema de moedas que emprego para pagar minhas dívidas, os instrumentos de crédito a que recorro em minhas relações comerciais, as práticas adotadas na profissão etc, etc. funcionam independentemente do uso que faço deles. Tomemos sucessivamente todos os membros de que a sociedade é composta, e o que precede pode ser repetido a respeito de cada um deles. Eis então maneiras de agir, pensar e sentir que apresentam a notável propriedade de existir fora das consciências individuais.

Não só esses tipos de comportamento ou de pensamento são exteriores ao indivíduo, como dotados de um poder imperativo e coercitivo graças ao qual, queira ele ou não, se lhe impõem. Sem dúvida, quando os aceito de livre e espontânea vontade, essa coerção não se faz sentir, ou pouco, sendo inútil. Nem por isso, contudo, ela deixa de ser uma característica intrínseca de tais fatos, prova disso, basta eu tentar resistir para ela se consolidar. Se eu procuro violar as regras do direito, elas reagem contra mim de maneira a, se der tempo, impedir meu ato; se ele estiver consumado e for reparável, anulá-lo e restabelecê-lo sob sua forma normal; se ele não puder ser reparado de outra forma, me fazer expiá-lo. Trata-se de máximas puramente morais? A consciência pública bloqueia todo ato que as infringe por meio da vigilância que exerce sobre o comportamento dos cidadãos e das punições especiais de que dispõe. Em outros casos, embora menos violenta, a coerção não deixa de existir. Se não me submeto às convenções sociais, se, ao me vestir, simplesmente ignoro os costumes seguidos no meu país e na minha classe, o riso que eu provoco e o isolamento de que sou objeto produzem, embora de maneira mais atenuada, os mesmos efeitos que uma pena propriamente dita. Aliás, a coerção, por ser apenas indireta, não deixa de ser menos eficaz. Não sou obrigado a falar francês com meus compatriotas, nem a usar as moedas legais, mas é impossível agir de outra forma. Se eu tentasse escapar a essa necessidade, minha tentativa fracassaria miseravelmente. Industrial, nada me proíbe trabalhar com procedimentos e métodos do outro século; porém, se fizer isso, certamente irei à falência. Mesmo quando, de fato, consigo me libertar dessas regras e violá-las com sucesso, isso nunca se dá sem que eu seja obrigado a lutar contra elas. Mesmo quando finalmente vencidas, elas fazem sentir suficientemente seu poder coercitivo pela resistência que opõem. Não há inovador, mesmo bem-sucedido, cujos empreendimentos não venham se chocar com oposições desse gênero.

Eis então uma ordem de fatos que apresentam características bastante específicas; eles consistem em maneiras de agir, pensar e sentir exteriores ao indivíduo e que são dotadas de um poder de coerção em virtude do qual se impõem a ele. Por conseguinte, não poderiam ser confundidos com os fenômenos orgânicos, uma vez que consistem em representações e ações; nem com os fenômenos psíquicos, os quais só têm existência na consciência individual e mediante ela. Constituem, portanto, uma espécie nova, e é a eles que deve ser atribuída e reservada a qualificação de sociais. Ela lhes convém; pois está claro que, não tendo o indivíduo como substrato, eles não podem ter outro senão a sociedade, seja a sociedade política em sua integralidade, seja algum dos grupos parciais que ela encerra, confissões religiosas, escolas políticas, literárias, corporações profissionais etc. Por outro lado, é somente a eles que ela convém; pois o termo social não tem sentido definido senão com a condição de designar unicamente fenômenos que não se encaixam em nenhuma das categorias de fatos já constituídos e denominados. São, portanto, domínio exclusivo da sociologia. É verdade que a palavra coerção, por meio da qual os definimos, corre o risco de alarmar os zelosos partidários de um individualismo absoluto. Como eles professam que o indivíduo é plenamente autônomo, julgam-no diminuído todas as vezes que percebem que ele não depende apenas de si mesmo. Porém, uma vez que hoje é incontestável que a maior parte de nossas ideias e tendências não é elaborada por nós, advindo-nos de fora, elas não podem penetrar em nós senão se impondo; é justamente o que significa nossa definição. Sabemos, aliás, que nem toda coerção social é necessariamente exclusiva da personalidade individual.*

Entretanto, considerando que os exemplos que acabamos de citar (regras jurídicas, morais, dogmas religiosos, sistemas financeiros etc.) consistem, sem exceção, em crenças e práticas constituídas, poder-se-ia crer, pelo que precede, que não existe fato social senão onde há organização definida. Existem, contudo, outros fatos, que, sem apresentar essas formas cristalizadas, detêm a mesma objetividade e a mesma ascendência sobre o indivíduo. É o que chamamos de correntes sociais. Por exemplo, numa assembleia, as grandes reações de entusiasmo, indignação e piedade que se produzem não têm como ponto de origem nenhuma consciência particular. Elas advêm do exterior a cada um de nós, sendo suscetíveis de nos arrebatar à nossa revelia. Sem dúvida, é possível que, entregando-me a elas sem reservas, eu não sinta a pressão que elas exercem sobre mim. Porém, basta eu tentar lutar contra elas, que ela se acusa. Caso um indivíduo tente se opor a uma dessas manifestações coletivas, os sentimentos que ele nega voltam-se contra ele. Ora, se esse poder de coerção externa irrompe com tal nitidez nos casos de resistência, é porque ela existe, mesmo inconsciente, nos casos contrários. Somos então logrados por uma ilusão que nos faz crer que nós mesmos elaboramos o que se impôs a nós do exterior. Porém, embora a complacência com que nos deixamos levar mascare a pressão sofrida, ela não a suprime. É feito o ar, que não deixa de ser pesado a despeito de não sentirmos seu peso. Quando colaboramos espontaneamente e por iniciativa própria para a emoção comum, a sensação que temos é completamente diferente da que teríamos se estivéssemos sozinhos. Assim, uma vez dispersada a assembleia, quando as influências sociais cessam de agir sobre nós e nos vemos a sós conosco mesmos, os sentimentos pelos quais passamos nos causam o efeito de alguma coisa estranha que não reconhecemos mais. Percebemos então que havíamos

---

* Isso não significa, em todo caso, que toda coerção seja normal. Voltaremos adiante a esse ponto.

sofrido sua influência muito mais que os concebido. Acontece inclusive de eles nos causarem horror, de tal forma contrariavam a nossa natureza. Nesse sentido, indivíduos, completamente inofensivos em sua maioria, podem, reunidos em massa, ser compelidos a atos de atrocidade. Ora, o que afirmamos a respeito dessas explosões passageiras aplica-se identicamente às reações de opinião, mais duradouras, que se produzem incessantemente à nossa volta, seja em toda a extensão da sociedade, seja em círculos mais restritos, sobre as matérias religiosas, políticas, literárias, artísticas etc.

Podemos, a propósito, confirmar essa definição do fato social mediante uma experiência banal, bastando observar a maneira como são educadas as crianças. Quando olhamos os fatos tais como são e tais como sempre foram, salta aos olhos que toda educação consiste num esforço contínuo para impor à criança maneiras de ver, sentir e agir às quais ela não teria espontaneamente chegado. Desde os primeiros momentos de sua vida, nós a obrigamos a comer, beber, dormir em horários regulares, nós a compelimos ao trabalho etc., etc. Se, com o tempo, tal coerção deixa de ser sentida, é porque, gradativamente, ela dá origem a hábitos e tendências internas que a tornam inútil, mas que só a substituem por dela derivarem. Não deixa de ser verdade, como afirma o sr. Spencer, que uma educação racional deveria reprovar tais procedimentos e deixar a criança agir livremente, porém, como essa teoria pedagógica jamais foi praticada por nenhum povo conhecido, constitui apenas um *desideratum* pessoal, e não um fato que possa ser oposto aos fatos que o precedem. Ora, o que torna estes últimos particularmente instrutivos é que a finalidade da educação é, justamente, formar o ser social; nela, portanto, podemos ver, de forma concisa, de que maneira esse ser se constituiu na história. Essa pressão de todos os instantes sofrida pela criança é a pressão mesma do meio social, que tende a modelá-la à sua imagem e da qual pais e professores não passam de representantes e intermediários.

Assim, não é sua generalidade que pode servir para caracterizar os fenômenos sociológicos. Um pensamento vigente em todas as consciências particulares, um movimento repetido por todos os indivíduos nem por isso são fatos sociais. Limitar-se a tal característica para defini-los é confundi-los, erradamente, com o que poderíamos chamar de suas encarnações individuais. O que os constitui são as crenças, tendências e práticas do grupo tomadas coletivamente; quanto às formas de que se revestem os estados coletivos, ao se refratarem nos indivíduos, são elementos de outra espécie. O que demonstra categoricamente tal dualidade de natureza é que essas duas ordens de fatos costumam apresentar-se em estado dissociado. Com efeito, algumas dessas maneiras de agir ou pensar adquirem, por força da repetição, uma espécie de consistência que, por assim dizer, as precipita e isola dos acontecimentos particulares que as refletem. Elas ganham, assim, um corpo, uma forma sensível que lhes é específica, e constituem uma realidade *sui generis*, bem diversa dos fatos individuais que a manifestam. O hábito coletivo não existe apenas em estado de imanência nos atos sucessivos por ele determinados, mas, por um privilégio de que não encontramos exemplo no reino biológico, ele se exprime de uma vez por todas numa fórmula repetida de boca em boca, transmitida pela educação, fixada, inclusive, por escrito. Tais são a origem e a natureza das regras jurídicas e morais, dos aforismos e ditados populares, dos artigos de fé em que as seitas religiosas ou políticas condensam suas crenças, dos códigos de bom gosto elaborados pelas escolas literárias etc. Nenhuma delas se encontra integralmente nas aplicações que os particulares lhes dão, uma vez que podem existir mesmo sem ser efetivamente aplicadas.

Sem dúvida, tal associação nem sempre se apresenta com a mesma nitidez. Basta, contudo, que ela vigore de maneira incontestável nos casos importantes e numerosos que acabamos de lembrar para provar que o fato social é distinto de suas repercussões individuais. Aliás, justamente quando ela não é dada imediatamente à observação, podemos frequentemente realizá-la com a ajuda de determinados artifícios de método; é inclusive indispensável proceder a essa operação, se quisermos desvencilhar o fato social de toda a ganga para observá-lo em estado de pureza. Nesse sentido, existem certas correntes de opinião que nos impelem, com uma intensidade desigual, de acordo com as épocas e países, uma ao casamento, por exemplo, outra ao suicídio ou a uma natalidade mais ou menos densa etc. Estes são, evidentemente, fatos sociais. À primeira vista, parecem inseparáveis das formas que eles assumem nos casos particulares. Mas a estatística nos fornece o meio de isolá-los. Com efeito, eles são representados, não sem exatidão, pela taxa de natalidade, de nupcialidade, de suicídios, isto é, pelo número que obtemos dividindo o total médio anual dos casamentos, nascimentos e mortes voluntárias pelo dos homens em idade de se casar, procriar e suicidar.* Pois, como cada um dos totais compreende todos os casos particulares indistintamente, as circunstâncias individuais passíveis de ter alguma participação na produção do fenômeno neutralizam-se mutuamente e, por conseguinte, não contribuem para determiná-lo. O que se exprime é um certo estado da alma coletiva.

Eis o que são os fenômenos sociais, livres de todo elemento estranho. Quanto às suas manifestações privadas, têm efetivamente alguma coisa de social, uma vez que, em parte, reproduzem um modelo coletivo; por outro lado, cada uma delas depende igualmente, e em larga escala, da constituição orgânico-psíquica do indivíduo, das circunstâncias particulares nas quais

---

* O suicídio não ocorre em qualquer idade, nem em todas as idades, com a mesma intensidade.

ele está situado. Portanto, elas não são fenômenos propriamente sociológicos. Dizem respeito aos dois reinos ao mesmo tempo; poderiam ser denominadas sociopsíquicas. Interessam ao sociólogo sem constituir a matéria imediata da sociologia. Da mesma forma, encontramos no interior do organismo fenômenos de natureza mista estudados por ciências mistas, como a química biológica.

No entanto, dirão, um fenômeno só é coletivo se for comum a todos os membros da sociedade ou, pelo menos, à maioria, se for geral. Sem dúvida, mas se ele é geral, é porque é coletivo (isto é mais ou menos obrigatório), bem diferente de ele ser coletivo por ser geral. É um estado do grupo, que se repete nos indivíduos por impor-se a eles. Ele está em cada parte porque está no todo, bem diferente de ele estar no todo por estar nas partes. Isso fica evidente sobretudo nas crenças e práticas que nos são transmitidas já prontas pelas gerações anteriores; nós as recebemos e adotamos porque, sendo ao mesmo tempo uma obra coletiva e uma obra secular, elas são investidas de uma autoridade particular que a educação nos ensinou a reconhecer e respeitar. Ora, vale observar que a imensa maioria dos fenômenos sociais chega a nós por essa via. Porém, apesar de o fato social dever-se, em parte, à nossa colaboração direta, sua natureza é a mesma. Um sentimento coletivo, que eclode numa assembleia, não exprime simplesmente o que havia de comum entre todos os sentimentos individuais. Ele é alguma coisa completamente diversa, como assinalamos. Ele é uma resultante da vida comunitária, um produto das ações e reações engajadas entre as consciências individuais; e, se ele repercute em cada uma delas, é em virtude da energia especial que ele deve, precisamente, à sua origem coletiva. Se todos os corações vibram em uníssono, não é em consequência de uma harmonia espontânea e preestabelecida, e sim porque a mesma força os impele na mesma direção. Cada um é arrastado por todos.

Agora podemos apresentar o campo da sociologia com maior precisão. Ele compreende apenas um grupo determinado de fenômenos. Um fato social é identificado pelo poder de coerção externa que exerce ou é suscetível de exercer sobre os indivíduos; e a presença dessa força, por sua vez, é constatada seja pela existência de alguma sanção determinada, seja pela resistência que o fato opõe a qualquer empreendimento individual que tenda a lhe fazer violência. Por outro lado, podemos defini-lo igualmente pelo seu grau de difusão no âmbito do grupo, contanto que, segundo as observações precedentes, tenhamos o cuidado de acrescentar como segunda e essencial característica ele existir independentemente das formas individuais que assume ao se difundir. Em certos casos, inclusive, este último critério é mais fácil de aplicar que o precedente. Com efeito, é fácil detectar a coerção quando ela se traduz externamente por alguma reação direta da sociedade, como é o caso no direito, na moral, nas crenças, nas próprias modas. Porém, quando ela é apenas indireta, como a exercida por uma organização econômica, nem sempre se deixa perceber tão claramente. Nesse caso, a generalidade combinada com a objetividade pode ser mais fácil de estabelecer. Aliás, essa segunda definição não passa de outra forma da primeira, pois se uma maneira de se comportar, que existe exteriormente às consciências individuais, se generaliza, só pode ser por meio da imposição.*

Poderíamos, contudo, nos perguntar se essa definição é completa. Com efeito, os fatos que nos forneceram sua base são todos eles *maneiras de fazer*, ou seja, são de ordem fisiológica. Ora, há também *maneiras de ser* coletivas, isto é, fatos sociais de ordem anatômica e morfológica. A sociologia não pode voltar as costas para o que concerne ao substrato da vida coletiva. Por outro lado, o número e a natureza das partes elementares de que a sociedade é composta, a maneira como elas são dispostas, o grau de coalescência que elas atingiram, a distribuição da população sobre a superfície do território, o número e a natureza dos meios de comunicação, a forma das habitações etc. não parecem, a um primeiro exame, estar relacionados a maneiras de agir, sentir ou pensar.

Em todo caso, cumpre ressaltar que esses diversos fenômenos apresentam a mesma característica que utilizamos para definir os demais. Essas maneiras de ser impõem-se ao indivíduo tal como as maneiras de fazer a que nos referimos. Com efeito, quando se quer conhecer a maneira como uma sociedade é dividida politicamente, como essas divisões são compostas, a fusão mais ou menos completa existente entre elas, não é com a ajuda de uma inspeção material e por observações geográficas que podemos chegar lá, pois essas divisões são morais a despeito mesmo de possuírem certa base na natureza física. É somente através do direito público que é possível estudar essa organização, pois é esse direito que a determina, assim como determina nossas relações domésticas e cívicas. Logo, ela não deixa de ser menos obrigatória. Se a população se comprime em nossas cidades em vez de se dispersar nos campos, é porque há uma corrente de opinião, um impulso coletivo que impõe tal concentração aos indivíduos. Não podemos mais escolher nem a

---

* Vemos como essa definição do fato social se afasta daquela que serve de base ao engenhoso sistema do sr. Tarde. Em primeiro lugar, cumpre-nos declarar que nossas pesquisas não nos fizeram em momento algum constatar essa influência preponderante que o sr. Tarde atribui à imitação na gênese dos fatos coletivos. Além disso, da definição precedente, que não é uma teoria, e sim um simples resumo dos dados imediatos da observação, parece de fato resultar que a imitação não apenas nem sempre exprime, como jamais exprime, o que há de essencial e característico do fato social. Sem dúvida, todo fato social é imitado, apresentado, como acabamos de mostrar, uma tendência a se generalizar, mas isso é porque ele é social, isto é, obrigatório. Sua força de expansão não é a causa, mas a consequência de seu caráter sociológico. Se os fatos sociais fossem os únicos a produzir essa consequência, a imitação poderia servir, se não para explicá-los, ao menos para defini-los. Mas um estado individual que ricocheteia nem por isso deixa de ser individual. Além disso, podemos nos perguntar se a palavra imitação é de fato a que convém para designar uma propagação fruto de uma influência coercitiva. Sob essa única expressão, confundem-se fenômenos bastante diversos e que precisariam ser distinguidos.

forma de nossas casas nem a de nossas roupas; pelo menos, uma é obrigatória na mesma medida que a outra. Os meios de comunicação determinam de maneira imperiosa a direção em que se dão as migrações internas e as trocas, e até mesmo a intensidade dessas trocas e dessas migrações etc., etc. Por conseguinte, haveria, no máximo, ensejo de acrescentar à lista fenômenos que enumeramos como detentores da marca distintiva do fato social, uma categoria a mais; e, como essa enumeração nada tinha de rigorosamente exaustivo, a adição não seria indispensável.

Mas ela sequer é útil, pois essas maneiras de ser não passam de maneiras de fazer consolidadas. A estrutura política de uma sociedade é apenas a maneira como os diferentes segmentos que a compõem adquiriram o hábito de conviver. Se as suas relações forem tradicionalmente estreitas, os segmentos tendem a se confundir; a se distinguir, no caso contrário. O tipo de habitação que nos é imposta é simplesmente a maneira como todo mundo à nossa volta e, em parte, as gerações anteriores se acostumaram a construir as casas. Os meios de comunicação não passam de um leito de rio autoescavado, correndo na mesma direção, a corrente regular das trocas e migrações etc. Se os fenômenos de ordem morfológica fossem os únicos a apresentar tal fixidez, provavelmente julgaríamos que eles constituem uma espécie à parte. Mas uma regra jurídica é um arranjo não menos permanente do que um tipo de arquitetura e, não obstante, é um fato fisiológico. Uma simples máxima moral é, seguramente, mais maleável, embora tenha formas bem mais rígidas que um simples uso profissional ou uma moda. Há, assim, toda uma gama de nuances que, sem solução de continuidade, associa os fatos de estrutura, mais caracterizados, a essas livres correntes da vida social, ainda não aprisionadas em nenhum molde definitivo. Isso denota, portanto, que não há entre eles senão diferenças no grau de consolidação que apresentam. Uns e outros não passam da vida mais ou menos cristalizada. Decerto pode haver interesse em reservar o atributo de morfológicos para os fatos sociais relativos ao substrato social, porém com a condição de não perder de vista que eles são de natureza idêntica aos demais. Nossa definição compreenderá então tudo passível de ser definido, se dissermos: *É fato social toda maneira de fazer, estabelecida ou não, suscetível de exercer sobre o indivíduo uma coerção externa*; ou ainda, *que ele é geral na extensão de determinada sociedade, embora tenha existência própria, independentemente de suas manifestações individuais.**

---

* Esse parentesco estreito entre vida e estrutura, órgão e função, pode ser facilmente estabelecido em sociologia, pois, entre esses dois termos extremos, existe toda uma série de intermediários imediatamente observáveis e que mostra o laço entre eles. A biologia não dispõe do mesmo recurso. É lícito, contudo, julgar que as induções da primeira dessas ciências sobre esse assunto são aplicáveis à outra e que, tanto nos organismos como nas sociedades, não há entre essas duas ordens de fatos senão diferenças de grau.

Conclusão de *As regras do método sociológico*

Resumindo, as características desse método são as seguintes.

Em primeiro lugar, ele é independente de toda filosofia. Por ter nascido das grandes doutrinas filosóficas, a sociologia conservou o hábito de escorar-se em qualquer sistema de que se sinta solidário. Foi, por exemplo, positivista, evolucionista, espiritualista, ao passo que deve limitar-se a ser pura e simplesmente sociologia. Até mesmo nós hesitaríamos em qualificá-la de naturalista, a menos que não se pretenda com isso indicar apenas que ela considera os fatos sociais como naturalmente explicáveis, e, nesse caso, o epíteto é deveras inútil, uma vez que ele significa simplesmente que o sociólogo, não sendo um místico, concebe uma obra de ciência. Em contrapartida, rechaçamos o termo quando lhe conferem um sentido doutrinal sobre a essência das coisas sociais, quando, por exemplo, ouvimos dizer que elas são redutíveis às outras forças cósmicas. Não cabe à sociologia tomar partido entre as grandes hipóteses que dividem os metafísicos. Tampouco lhe cabe defender a liberdade ou o determinismo. Tudo o que ela pede que lhe concedam é que o princípio de causalidade seja aplicado aos fenômenos sociais. Além disso, esse princípio é estabelecido por ela não como uma necessidade racional, mas tão somente como um postulado empírico, produto de legítima indução. Uma vez que a lei de causalidade foi verificada nos outros reinos da natureza, que, progressivamente, ela estendeu seu império do mundo físico-químico ao mundo biológico e deste ao mundo psicológico, podemos admitir que ela é igualmente verdadeira no mundo social, hoje sendo possível acrescentar que as pesquisas empreendidas com base nesse postulado tendem a confirmá-lo. Nem por isso, contudo, a questão de saber se a natureza do laço causal exclui toda contingência se acha elucidada.

De resto, a própria filosofia tem todo interesse nessa emancipação da sociologia. Pois, enquanto não se despoja suficientemente do filósofo, o sociólogo só considera as coisas sociais pelo lado mais genérico, isto é, o que mais as aproxima das outras coisas do universo. Ora, se a sociologia assim concebida pode servir para ilustrar, a respeito de fatos curiosos, uma filosofia, ela não teria condições de enriquecê-la com novos pontos de vista, uma vez que não assinala nada de novo no objeto por ela estudado. Porém, na realidade, se os fatos fundamentais dos outros reinos encontram-se no reino social, é sob formas específicas que fazem compreender melhor sua natureza, pois são sua mais elevada expressão. Entretanto, para percebê-los sob esse aspecto, convém sair da generalidade e entrar no detalhe dos fatos. É dessa forma que a sociologia, à medida que se especializar, fornecerá materiais mais originais à reflexão filosófica. O que precede já permite vislumbrar como noções essenciais, como as de espécie, órgão, função, saúde e doença, causa e fim, apresentam-se nela sob luzes inéditas. Aliás, não é a sociologia que está fadada a conferir o devido lugar à ideia que poderia ser perfeitamente a base não só de uma psicologia, como de toda uma filosofia, a ideia de associação?

Com respeito às doutrinas práticas, nosso método permite e exige a mesma independência. A sociologia assim entendida não será nem individualista, nem comunista, nem socialista, no sentido vulgarmente atribuído a essas palavras. Por princípio, irá ignorar essas teorias, nas quais não poderia reconhecer valor científico, uma vez que elas tendem claramente não a exprimir os fatos, e sim a reformá-los. Se ela se interessa por eles, é tão somente na medida em que vê neles fatos sociais capazes de ajudar a compreender a realidade social por manifestarem as necessidades que operam a sociedade. Isso não significa, todavia, que ela deva se desinteressar pelas questões práticas. Ao contrário, viu-se que nossa preocupação constante era orientá-la de maneira a que ela pudesse resultar praticamente. É inevitável que, ao cabo de suas pesquisas, ela se depare com tais problemas. Porém, justamente por estes se oferecerem a ela apenas nesse momento e, por conseguinte, deduzirem-se dos fatos e não das paixões, podemos prever que devam se colocar para o sociólogo em termos completamente diferentes dos adotados pela massa, e que as soluções, por sinal parciais, que ele possa lhes propor jamais venham a coincidir com as decretadas pelas facções. Desse ponto de vista, contudo, o papel da sociologia deve justamente consistir em nos libertar de todas as facções não mais opondo uma doutrina às doutrinas, e sim fazendo com que os espíritos, perante tais questões, adotem uma atitude especial, a qual, pelo contato direto das coisas, apenas a ciência pode gerar. Com efeito, só ela pode aprender a tratar com respeito, porém sem fetichismo, as instituições históricas mais díspares, fazendo-nos perceber o que elas têm, ao mesmo tempo, de necessário e de provisório, sua força de resistência e sua infinita variabilidade.

Em segundo lugar, nosso método é objetivo. Ele é dominado integralmente pela ideia de que os fatos sociais são coisas e como tais devem ser tratados. Embora tal princípio, sob uma forma um pouco diversa, se encontre na base das doutrinas de Comte e do sr. Spencer, esses grandes pensadores antes forneceram sua fórmula teórica do que a colocaram em prática. Para que ela não permanecesse letra morta, não bastava promulgá-la; era preciso transformá-la na base de toda uma disciplina que arrebatasse o cientista justamente no momento em que ele abordasse o objeto de suas pesquisas e o acompanhasse passo a passo em todos os seus procedimentos. É em instituir essa disciplina que estamos empenhados.

Mostramos como o sociólogo deve descartar as noções antecipadas que tinha dos fatos e posicionar-se diante dos próprios fatos; como devia alcançá-los por suas características mais objetivas; como devia pedir a eles próprios os meios de classificá-los em saudáveis ou mórbidos; por fim, como devia inspirar-se no próprio princípio tanto nas explicações a que se aventurava como na maneira como comprovava essas explicações. Pois, quando temos a sensação de estar na presença de coisas, sequer pensamos mais em explicá-las por cálculos utilitários ou raciocínios de qualquer tipo. Compreendemos perfeitamente a existência que há entre tais causas e tais efeitos. Uma coisa é uma força que não pode ser engendrada senão por outra força. Buscamos, portanto, para explicar os fatos sociais, energias capazes de produzi-los. Não apenas as explicações são diferentes, como demonstradas diferentemente, ou melhor, é só então que sentimos necessidade de demonstrá-las. Se os fenômenos sociológicos não passam de sistemas de ideias objetivadas, explicá-las é repensá-las em sua ordem lógica e essa explicação é em si mesma sua prova; no máximo, podemos confirmá-la com alguns exemplos. Ao contrário, apenas experiências metódicas podem arrancar das coisas o seu segredo.

Por outro lado, embora consideremos os fatos sociais como coisas, é como *coisas sociais*. Ser exclusivamente sociológico é o terceiro traço característico de nosso método. Devido à sua extrema complexidade, não raro tais fenômenos foram vistos como refratários à ciência ou só podendo fazer parte dela reduzidos às suas condições elementares, sejam psíquicas, sejam orgânicas, isto é, despojados de sua natureza própria. Ao contrário, o que fizemos foi estabelecer a possibilidade de tratá-los cientificamente sem nada lhes confiscar de suas características específicas. Recusamo-nos inclusive a associar essa imaterialidade *sui generis* que os caracteriza àquela, não obstante já complexa, dos fenômenos psicológicos, com mais forte razão nos proibimos de voltar a diluí-la, na esteira da escola italiana, nas propriedades gerais da matéria organizada.* Deixamos claro que um fato social só pode ser explicado por outro fato social e, ao mesmo tempo, mostramos como essa espécie de explicação é possível, apontando o meio social interno como o motor principal da evolução coletiva. A sociologia, portanto, não é o anexo de nenhuma outra ciência, e sim, em si mesma, uma ciência distinta e autônoma, e a percepção do que a realidade social tem de específico é de tal forma necessária ao sociólogo que só uma cultura especificamente sociológica pode prepará-lo para a compreensão dos fatos sociais.

Estimamos que esse progresso seja o mais importante dos que restam à sociologia empreender. Sem dúvida, quando uma ciência está em vias de

---

* Não faz sentido, portanto, qualificarem nosso método como materialista.

nascer, somos obrigados, para construí-la, a nos referir aos únicos modelos existentes, isto é, às ciências já consolidadas. Estas oferecem um acervo de experimentos já realizados, do qual seria insensato não tirar proveito. Em contrapartida, uma ciência só pode se considerar definitivamente constituída depois de forjar-se uma personalidade independente. Pois, sem visar uma ordem de fatos não estudados pelas demais ciências, ela não tem razão de ser. Ora, é impossível que as mesmas noções possam adequar-se identicamente a coisas de natureza diversa.

Tais nos parecem ser os princípios do método sociológico.

Talvez esse conjunto de regras soe inutilmente complicado, se o compararmos aos procedimentos corriqueiramente empregados. Todo esse aparato de precauções pode parecer muito laborioso para uma ciência que, até agora, não exigia, daqueles que a ela se dedicavam, senão uma cultura geral e filosófica; e, com efeito, é certo que a colocação em prática de tal método não terá como efeito vulgarizar a curiosidade pelas coisas sociológicas. Quando, como condição de iniciação prévia, pedimos às pessoas que se despojem dos conceitos que estão habituadas a aplicar a uma ordem de coisas, para repensá-las sob uma nova luz, podemos esperar recrutar uma numerosa clientela. Mas não é essa a finalidade para a qual nos inclinamos. Julgamos, ao contrário, ter chegado a hora de a sociologia renunciar aos sucessos mundanos, por assim dizer, e assumir o caráter esotérico que convém a toda ciência. Assim, ela ganhará em dignidade e autoridade o que talvez venha a perder em popularidade, pois enquanto permanecer imiscuída nas lutas de facções, enquanto se limitar a elaborar, com mais lógica do que o vulgo, as ideias comuns e, por conseguinte, a não pressupor nenhuma competência específica, ela não estará em condições de falar suficientemente alto para calar as paixões e preconceitos. Seguramente, ainda está longe o tempo em que ela poderá desempenhar esse papel com eficácia; não obstante, é no sentido de dar-lhe condições de assumi-lo um dia que precisamos, desde agora, trabalhar.

QUESTÕES E TEMAS PARA DISCUSSÃO

1. Discuta a relação entre indivíduo e sociedade a partir do exame de como a coerção social se manifesta na adolescência.
2. Por que o estudo da maneira como se educa as crianças é importante para a compreensão dos valores de uma sociedade?

LEITURAS SUGERIDAS

Durkheim, Émile. *Da divisão do trabalho social*. São Paulo, WMF Martins Fontes, 4ª ed., 2010.
____. *As regras do método sociológico*. São Paulo, Edipro, 2012.
____. *O suicídio: estudo de sociologia*. São Paulo, WMF Martins Fontes, 2ª ed., 2011.
____. *As formas elementares da vida religiosa*. São Paulo, Martins Fontes, 3ª ed., 2003.
Rodrigues, José A. (org.). *Durkheim: sociologia*, Col. Grandes Cientistas Sociais. São Paulo, Ática, 9ª ed.,1999.

3. Simmel e a interação social

Contemporâneo de Durkheim, o alemão Georg Simmel (1858-1918) oferece uma visão diferente sobre a sociedade e sobre o objeto da ciência que pretende estudá-la. O conceito fundamental da sociologia, para Simmel, é a *interação*, vista como ação recíproca entre os indivíduos.

A unidade básica das ciências sociais não é o "indivíduo" em abstrato, isolado, mas os indivíduos *em interação*, em tempos e lugares específicos. Nessa visão, a sociedade não é uma "coisa" fixa nem acabada, mas um *processo*, o resultado das interações sociais. A interação pode ser de vários tipos e assumir várias formas, como conflito, cooperação, competição, submissão etc. As "formas sociais" são configurações momentâneas de um complexo de movimentos. Daí Simmel preferir falar em "sociação" que em "sociedade".

Desse modo, a perspectiva sociológica de Simmel permite dar atenção às formas mais discretas e cotidianas – não por isso menos importantes – de interação. Não que ele despreze a importância de configurações sociais maiores: ele apenas não as vê como coisas externas à interação entre os indivíduos.

Simmel foi um dos protagonistas do movimento de institucionalização da sociologia na Alemanha, tendo participado, em 1909, da criação da Associação Alemã de Sociologia e publicado dois importantes livros, *Sociologia* (1908) e *Questões fundamentais da sociologia* (1917), de onde o texto que se segue foi retirado. Ele era, no entanto, filósofo de formação, e escreveu sobre muitos outros temas para além da sociologia. Professor brilhante e muito reconhecido publicamente em seu tempo, nunca conseguiu, no entanto, ser incorporado de forma plena à Universidade de Berlim, onde lecionou a maior parte de sua vida. Sabe-se hoje que isso decorreu principalmente do fato de ser judeu, pois havia então um forte antissemitismo no meio acadêmico alemão.

A contribuição de Simmel à sociologia foi por muito tempo vista como menor em relação à contribuição de autores como Marx, Durkheim e Weber. Em parte, isso se deve ao estilo mais "ensaístico" e fragmentário da obra de Simmel. Além disso, a atenção especial que ele deu aos processos mais discretos e microscópicos da interação social e a temas como a moda, a importância social de cada um dos diferentes sentidos, a refeição em comum, a prostituição e inúmeros outros exemplos fez com que parecesse a muitos um tipo de sociologia mais frívolo e menos importante do que o estudo dos "grandes temas" – o Estado, as classes sociais, a família etc.

Na contemporaneidade, todavia, à medida que os grandes modelos teóricos e as explicações mais macroscópicas e sistemáticas do mundo social foram sendo crescentemente postos em questão, por não darem conta da complexidade da vida em sociedade, a influência da obra de Simmel tem crescido continuamente.

O ÂMBITO DA SOCIOLOGIA

Georg Simmel

> A tarefa de apontar diretrizes para a ciência da sociologia encontra a primeira dificuldade em sua pretensão ao título de ciência, uma vez que essa pretensão não está, de maneira alguma, isenta de controvérsias. Mesmo quando o título lhe é atribuído, dissemina-se, a respeito de seu conteúdo e seus objetivos, um caos de opiniões cujas contradições e pontos obscuros sempre alimentam a dúvida para saber se a sociologia tem a ver com um questionamento cientificamente legítimo.

A falta de uma definição indiscutível e segura poderia ser contornada se ao menos existisse um conjunto de problemas singulares, que, deixados de lado por outras ciências, ou por estas ainda não esgotados, tivesse o fato ou o conceito de "sociedade" como um elemento a partir do qual tais problemas possuíssem um ponto nodal em comum. Se esses problemas singulares fossem tão diversos em seus outros conteúdos, direcionamentos e encaminhamentos a ponto de não se poder tratá-los adequadamente como uma ciência unificada, o conceito de sociologia lhes propiciaria uma pousada provisória. Assim, ao menos ficaria evidentemente estabelecido onde deveriam ser procurados – do mesmo modo como o conceito de "técnica" é perfeitamente legítimo para um domínio gigantesco de tarefas que, sob esse nome, partilham entre si um traço comum, sem que todavia o conceito possa ser de muito auxílio na compreensão e solução de problemas específicos.

A sociedade e o conhecimento da sociedade

Mesmo essa precária articulação entre problemas diversos, que, ainda assim, prometeria encontrar uma unidade em uma camada mais profunda, parece se despedaçar quando lida com a problemática do único conceito que poderia servir de conexão entre tais problemas: a saber, o conceito de sociedade. Despedaça-se, pois, na problemática para a qual toda refutação da sociologia, em princípio, gostaria de se fazer valer. Estranhamente, as provas dessas refutações foram articuladas tanto a partir da atenuação da sociedade quanto de sua conotação exagerada. Sempre ouvimos dizer que toda existência deve ser atribuída exclusivamente aos indivíduos, às suas realizações e vivências. Assim, a "sociedade" seria uma abstração indispensável para fins práticos, altamente útil também para uma síntese provisória dos fenômenos, mas não um objeto real que exista para além dos seres individuais e dos processos que eles vivem. Caso cada um desses processos seja investigado em suas determinações naturais e históricas, não restaria mais qualquer objeto real para uma ciência específica.

Se, para a primeira crítica, a sociedade significa muito pouco, para a outra, seu significado torna-se abrangente demais para estabelecer uma região científica. Tudo o que os seres humanos são e fazem, afirma essa crítica, ocorre dentro da sociedade, é por ela determinado e constitui parte de sua vida. Não haveria, sobretudo, qualquer ciência dos temas humanos que não fosse uma ciência da sociedade. No lugar das ciências particulares artificialmente isoladas entre si – ciências de tipo histórico, psicológico e normativo –, seria preciso introduzir uma ciência da sociedade que, em sua unidade, trouxesse à tona a convergência de todos os interesses, conteúdos e processos humanos, por meio da sociação em unidades concretas. É evidente, porém, que essa crítica – que tudo atribui à sociologia – rouba-lhe qualquer determinação, tanto quanto aquela que nada lhe desejava atribuir. Posto que a ciência do direito, a filologia, a ciência da política e da literatura, a psicologia, a teologia e todas as outras que dividiram entre si a região do humano almejam prosseguir com sua existência própria, nada se ganharia caso todas fossem atiradas em um mesmo recipiente sobre o qual se estamparia uma nova etiqueta: sociologia.

A ciência da sociedade, ao contrário das outras bem-fundamentadas ciências, se encontra na desconfortável situação na qual precisa, em primeiro lugar, demonstrar seu direito à existência – ainda que certamente esteja na situação confortável em que essa justificativa será conduzida por meio do esclarecimento necessário sobre seus conceitos fundamentais e sobre seus questionamentos específicos perante a realidade dada.

Em primeiro lugar, constitui um equívoco a respeito da essência da ciência – a partir da qual somente por intermédio de "indivíduos" poderíamos supostamente deduzir toda existência real – concluir que cada conhecimento, no que diz respeito às suas sínteses, tome para si como objeto abstrações especulativas e irrealidades. Nosso pensamento tende *quase sempre* a sintetizar tanto mais os dados como constructos (*Gebilde*) que como objetos científicos que tais imagens não encontram uma correspondência no real imediato.

Ninguém se intimida ao falar, por exemplo, do desenvolvimento do estilo gótico, ainda que não exista em lugar algum um estilo gótico como existência demonstrável, mas sim obras isoladas nas quais os elementos estilísticos não se encontram evidentemente separados dos elementos individuais. O estilo gótico, como objeto coerente do conhecimento histórico, é um constructo intelectual proveniente da realidade, mas não é em si uma realidade imediata. Por incontáveis vezes não queremos saber como se comportam coisas individuais, mas sim, a partir delas, formar uma unidade nova, coletiva, da mesma maneira que, ao investigar o estilo gótico em suas leis e em seu desenvolvimento, não estamos a descrever uma catedral ou um palácio, por mais que tenhamos retirado de tais singularidades a matéria para a unidade investigada.

Da mesma maneira perguntamos como os gregos e os persas se comportaram na batalha de Maratona. Se estivesse correta a concepção de que a realidade somente pode ser reconhecida nos indivíduos, então o conhecimento histórico só atingiria o seu objetivo se conhecesse o comportamento de cada grego e cada persa em particular, e assim toda a história de sua vida tornaria psicologicamente compreensível seu comportamento na batalha. Cumprir essa ambição fantástica não bastaria, porém, para satisfazer nossos questionamentos, pois o objeto destes não é esta ou aquela singularidade, mas sim os gregos e os persas – evidentemente uma construção inteiramente diversa, que vem à tona por meio de certa síntese intelectual, e não por intermédio da observação de indivíduos considerados isoladamente. Seguramente cada um desses indivíduos tem seu comportamento conduzido por outro, cujo desenvolvimento é de algum modo diferente, e provavelmente nenhum se comporta exatamente como o outro; em nenhum indivíduo se encontram postos, lado a lado, o elemento que o iguala e o elemento que o separa dos demais; ambos os elementos constroem a unidade indivisível da vida pessoal. É a partir deste conceito, todavia, que formamos a unidade mais elevada, a saber, os gregos e os persas. Mesmo a reflexão mais descuidada mostra que, com tais conceitos, podemos nos lançar constantemente às existências individuais.

Se somente as existências individuais fossem "verdadeiras", e quiséssemos descartar de nossa área de conhecimento todos os novos constructos intelectuais, ela se privaria de sua substância mais legítima e inquestionável.

Mesmo a afirmação recorrente de que só há *indivíduos* humanos, e que por este motivo somente estes seriam objetos concretos de uma ciência, não nos pode impedir de falar da história do catolicismo, da social-democracia, dos Estados, dos impérios, do movimento feminista, da situação da manufatura e ainda de outros milhares de fenômenos conjuntos e formas coletivas, inclusive da própria "sociedade". Assim formulada, a "sociedade" é certamente um conceito abstrato, mas cada um dos incontáveis agrupamentos e configurações englobados em tal conceito é um objeto a ser investigado e digno de ser pesquisado, e de maneira alguma podem ser constituídos pela particularidade das formas individuais de existência.

Mas isso ainda poderia denotar uma imperfeição de nosso conhecimento, uma imperfeição transitória inevitável que faria que nosso conhecimento tivesse de procurar sua plenitude, seja esta alcançável ou não, nos indivíduos entendidos como existências concretas definidas. Todavia, a rigor, os indivíduos também não são os elementos últimos, os "átomos" do mundo humano. A unidade efetiva e possivelmente indissolúvel que se traduz no conceito de "indivíduo" não é de toda maneira um objeto do conhecimento, mas somente um objeto da vivência; o modo pelo qual cada um sabe da unidade de si mesmo e do outro não é comparável a qualquer outra forma de saber.

O que cientificamente conhecemos no ser humano são traços individuais e singulares, que talvez se apresentem uma única vez, talvez mesmo em situação de influência recíproca, e em cada caso exige uma percepção e dedução relativamente independentes. Essa dedução importa, em cada indivíduo, na consideração de inúmeros fatores de natureza física, cultural e pessoal que surgem de todos os lados, alcançando distâncias temporais incalculáveis. É apenas à medida que nos isolamos e compreendemos tais elementos – que os reduzimos a elementos mais simples, profundos e distanciados – que nos aproximamos do que realmente é "último", real e rigorosamente fundamental para qualquer síntese espiritual de ordem mais profunda. Para esse modo de observação, o que "existe" são as moléculas cromáticas, as letras e as gotas d'água; e assim a pintura, o livro e o rio são sínteses que existem como unidade somente em uma consciência na qual os elementos se encontram. Evidentemente, porém, esses supostos elementos também são constructos extremamente complexos.

E se então a realidade verdadeira corresponde somente às unidades últimas, e não aos fenômenos nos quais essas unidades encontram uma *forma* – e toda forma, que é sempre uma articulação estabelecida por um sujeito articulador –, torna-se patente que a realidade a ser conhecida se nos escapa rumo à total incompreensão. A linha divisória que culmina no "indivíduo" também é um corte totalmente arbitrário, uma vez que o "indivíduo", para a análise ininterrupta, apresenta-se necessariamente como uma composição de qualidades, destinos, forças e desdobramentos históricos específicos que, em relação a ele, são realidades elementares tanto quanto os indivíduos são elementares em relação à "sociedade".

Assim, ao remeter ao infinito e buscar o inatingível, o suposto realismo que tal crítica procura contrapor ao conceito de sociedade – e, portanto, ao conceito de sociologia – faz com que qualquer realidade cognoscível desapareça. Na verdade, o conhecimento precisa ser compreendido segundo um princípio estrutural totalmente diferente segundo um princípio que, partindo do complexo de fenômenos que aparentemente constitui uma unidade, dele retire um grande número de variados objetos do conhecimento específicos – com especificidades que não impeçam o reconhecimento desses objetos de maneira definitiva e unitária. Pode-se caracterizar melhor esse princípio com o símbolo das diferentes *distâncias* que o espírito se coloca em relação ao complexo de fenômenos. É nelas que se insere o espírito. Quando vemos um objeto tridimensional que esteja a dois, cinco, dez metros distante, temos uma imagem diferente a cada vez, e, a cada vez, uma imagem que estará "correta" a seu modo e somente nesse modo, e é também no escopo desse modo que se cria margem para equívocos.

Por exemplo, se o detalhe de um quadro observado minuciosamente tal como é visto com a maior proximidade óptica possível for submetido posteriormente a um exame que corresponda a uma distância de alguns metros, essa última perspectiva seria considerada totalmente equivocada e falseada – por mais que, partindo de conceitos superficiais, tomássemos tal exame detalhado como "mais verdadeiro" do que o produzido pela imagem distanciada. Só que a observação extremamente aproximada também guarda alguma distância, cujos limites subjacentes não podem, todavia, ser estabelecidos. A imagem obtida a partir de uma distância, qualquer que seja ela, tem sua própria legitimidade e não pode ser substituída ou corrigida por outra de origem diversa. Ao nos aproximarmos de certa dimensão da existência humana, podemos ver precisamente como cada indivíduo se desvincula dos demais; assumindo um ponto de vista mais distanciado, percebemos o indivíduo enquanto tal desaparecer e, em seu lugar, se nos revelar a imagem de uma "sociedade" com suas formas e cores próprias, imagem que surge com a possibilidade de ser conhecida com maior ou menor precisão, mas que de modo algum terá menor valor que a imagem na qual as partes se separam umas das outras, ou ainda da imagem na qual serve apenas como estudo preliminar das "partes". A diferença existente é somente aquela que se dá entre os diversos propósitos de conhecimento, os quais correspondem a diferentes posições de distanciamento.

A legitimidade da independência da perspectiva sociológica diante do fato de que todo evento real só se produz em seres individuais poderia ser justificada de modo ainda mais radical. Nem por um momento é correto pensar que poderíamos compreender a realidade imediata por meio do conhecimento de séries de fenômenos *individuais*. Essa realidade é dada, em um primeiro momento, como um complexo de imagens, como uma superfície de fenômenos continuamente justapostos. Se articularmos essa existência (*Dasein*) realmente original aos indivíduos, se atribuirmos a evidência simples dos fenômenos a portadores individuais, e se, ao mesmo tempo, neles acumularmos fenômenos como se fossem pontos nodais, então tratar-se-ia também de uma posterior *formalização* intelectual do real imediatamente dado, que só aplicaríamos a partir do hábito rotineiro e como algo obviamente dado na natureza das coisas.

Essa realidade é, caso se queira entender dessa maneira, tão subjetiva quanto objetiva, posto que produz tanto uma imagem válida do conhecimento como uma síntese dos dados sob a categoria de sociedade. Somente os propósitos específicos do conhecimento decidem se a realidade imediatamente manifestada ou vivida deve ser investigada em um sujeito individual ou coletivo. Ambas são igualmente "pontos de vista" que não se relacionam entre si como realidade e abstração, mas sim como modos de nossa observação, ambos distantes da "realidade" – da realidade que, como tal, não pode de qualquer maneira ser da ciência, e que somente por intermédio de tais categorias assume a forma de conhecimento.

A partir de outro ponto de vista, totalmente diferente, admite-se que a existência humana só se realiza nos indivíduos, sem que todavia com isso se reduza a validade do conceito de sociedade. Entendido em seu sentido mais amplo, o conceito de sociedade significa a interação psíquica entre os indivíduos. Essa definição não pode gerar o equívoco causado por alguns eventos limítrofes que nela não se adaptam: quando duas pessoas cruzam olhares fugazmente, ou quando se acotovelam em uma fila de bilheteria, não poderíamos dizer que estão se sociando (*vergesellschaftet*). Nesses casos, a sociação ainda é tão superficial e fugaz que somente se poderia falar em sociação segundo *seu* padrão caso se considerasse que tal efeito recíproco estivesse se tornando mais frequente e intenso, e que deveria ser considerado em conjunto com outros vários efeitos que em geral lhes fossem semelhantes.

Estaríamos, porém, nos aprisionando ao emprego superficial do termo – certamente útil para a práxis externa – se condicionássemos a denominação de "social" somente às interações *duradouras*, àquelas que já tenham sido objetivadas em formas que se constituem em unidades perfeitamente caracterizadas como: Estado, família, corporações, igrejas, classes, associações etc. Além destas, porém, há inúmeras formas de relação e modos de interação entre os seres humanos que aparecem em casos isolados de maneira insignificante, mas que, inseridos nas formalizações ditas oficiais e abrangentes, sustentam, mais que tudo, a sociedade tal como a conhecemos. A restrição àquelas formas de interação equivale à encontrada nos primórdios das ciências da anatomia humana, que se restringiam ao estudo de grandes órgãos claramente delimitados, como coração, fígado, pulmões, estômago etc., descuidando-se dos inúmeros órgãos e tecidos desconhecidos e sem denominação de uso corrente, e sem os quais, porém, aqueles órgãos mais fundamentais jamais produziriam um corpo vivo.

A partir dos constructos moldados com base no modo mencionado, segundo o qual se formam os objetos tradicionais da ciência social, não é possível fazer uma composição a partir da experiência apresentada na vida social; sem que sejam articuladas as interações dos efeitos intermediários entre inúmeras sínteses, que, isoladas, permaneceriam menos abrangentes, haveria um estilhaçamento da vida social em inúmeros sistemas desconexos. Os laços de associação entre os homens são incessantemente feitos e desfeitos, para que então sejam refeitos, constituindo uma fluidez e uma pulsação que atam os indivíduos mesmo quando não atingem a forma de verdadeiras organizações. Que os seres humanos troquem olhares e que sejam ciumentos, que se correspondam por cartas ou que almocem juntos, que pareçam simpáticos ou antipáticos uns aos outros para além de qualquer interesse aparente, que a gratidão pelo gesto altruísta crie um laço mútuo indissolúvel, que um pergunte ao outro pelo caminho certo para se chegar a um determinado lugar, e que um se vista e se embeleze para o outro – todas essas milhares de relações, cujos exemplos citados foram escolhidos ao acaso, são praticadas de pessoa a pessoa e nos unem ininterruptamente, sejam elas momentâneas ou duradouras, conscientes ou inconscientes, inconsequentes ou consequentes. Nelas encontramos a reciprocidade entre os elementos que carregam consigo todo o rigor e a elasticidade, toda a variedade policromática e a unidade dessa vida social tão clara e tão misteriosa.

Todos esses grandes sistemas e organizações supraindividuais, aos quais se deve o conceito de sociedade, não passam de cristalizações – dados em uma extensão temporal e em uma imagem imaculada – de efeitos mútuos imediatos, vividos a cada hora e por toda uma existência, de indivíduo para indivíduo. Não há dúvida de que assim adquirem existência e leis próprias, com as quais também podem reciprocamente se defrontar e contrapor tais expressões vivas autônomas. Mas a sociedade, cuja vida se realiza num fluxo incessante, significa sempre que os indivíduos estão ligados uns aos outros pela influência mútua que exercem entre si e pela determinação recíproca que exercem uns sobre os outros. A sociedade é também algo funcional, algo que os indivíduos fazem e sofrem ao mesmo tempo, e que, de acordo com esse caráter fundamental, não se deveria falar de sociedade, mas de sociação. Sociedade é, assim, somente o nome para um círculo de indivíduos que estão, de uma maneira determinada, ligados uns aos outros por efeito das relações mútuas, e que por isso podem ser caracterizados como uma unidade – da mesma maneira que se considera uma unidade um sistema de massas corporais que, em seu comportamento, se determinam plenamente por meio de suas influências recíprocas.

Diante desta última definição, ainda seria possível insistir, afirmar que somente as partes materiais são a "realidade" autêntica, e que os movimentos e modificações causados por seus efeitos mútuos jamais serão algo tangível ou, em certa medida, que constituem uma realidade de segundo grau. Teriam lugar, pois, somente em suas partes substanciais. A mencionada unidade seria apenas uma visão conjunta dessas existências materiais específicas, cujos impulsos e formalizações recebidos e partilhados teriam permanecido em cada uma das partes.

No mesmo sentido, podemos certamente insistir no aspecto de que as realidades verdadeiras seriam apenas os indivíduos humanos. Com isso nada se ganha. A sociedade não é, sobretudo, uma substância, algo que seja concreto para si mesmo. Ela é um *acontecer* que tem uma função pela qual cada um recebe de outrem ou comunica a outrem um destino e uma forma. Em busca apenas do que é tangível, encontraríamos somente indivíduos, e, entre eles, nada além de espaço vazio. Trataremos posteriormente das consequências dessa perspectiva. Mas se ela também atribui a "existência", em sentido estrito, somente aos indivíduos, então também precisa deixar de lado, como algo "real" e digno de ser investigado, o acontecimento, a dinâmica da ação e do sofrimento a partir da qual esses indivíduos reciprocamente se modificam.

O caráter abstrato da sociologia

Qualquer ciência extrai dos fenômenos uma série ou uma parte da totalidade ou da imediaticidade vivida, e a subsume a um conceito específico. A sociologia não procede de maneira menos legítima que todas as demais ciências ao dissipar as existências individuais para novamente reuni-las segundo um conceito que lhe seja próprio, e assim perguntar: o que ocorre com os seres humanos e segundo que regras eles se movimentam – não exatamente quando eles desenvolvem a totalidade de suas existências individuais inteligíveis, e sim quando eles, em virtude de seus efeitos mútuos, formam grupos e são determinados por essa existência em grupo? Assim será permitido à sociologia tratar da história do casamento sem precisar analisar a vida conjugal de casais específicos; estudar o princípio de organização burocrática sem que seja necessário descrever um dia na repartição; ou fundamentar as leis e os resultados das lutas de classe sem entrar nos detalhes do curso de uma greve ou das negociações em torno de uma taxa salarial.

...

Caso a sociologia se mostre como uma abstração perante toda realidade – aqui levada a cabo sob o jugo do conceito de sociedade –, ainda assim mostra-se fraca a crítica que lhe acusa de ser irreal. Essa crítica é proveniente da tendência que atribuía realidade somente aos indivíduos, uma vez que essa perspectiva ainda protege a sociologia da sobrecarga que eu antes citei como um risco nada desprezível para sua existência como ciência. Posto que o homem está, a cada instante de seu ser e fazer, determinado pelo fato de ser social, parece então que todas as ciências do homem teriam de se amalgamar na ciência da vida social. Essas ciências seriam apenas canais isolados e especificamente formados através dos quais fluiria a vida social, a única portadora de toda força e sentido.

Mostrei como, com esse procedimento, nada se ganha além de um novo nome comum para todos os conhecimentos que continuarão a existir, imperturbáveis e autônomos, em seus métodos e temas, em suas tendências e denominações. Mesmo que esta seja uma ampliação equivocada da concepção de sociedade e de sociologia, em seu cerne se encontra um fato significativo e fecundo. Entender que o ser humano, em toda a sua essência e em todas as suas expressões, é determinado pelo fato de que vive interativamente com outros seres humanos deve levar a um novo modo de *observação* em todas as chamadas ciências do espírito.

Até o século XVIII, todos os grandes temas da vida histórica – a linguagem, a religião, a formação dos estados e a cultura material – eram explicados como "invenção" de personalidades isoladas. Mas, quando o entendimento e os interesses das pessoas não pareciam ser suficientes para isso, restava apelar às forças transcendentais – para as quais o "gênio" de um inventor singular representava um estágio intermediário, pois com o conceito de gênio somente se expressava que as forças conhecidas e concebíveis do indivíduo não eram suficientes para a produção do fenômeno. Assim, a linguagem era a invenção de um indivíduo ou uma dádiva divina; a religião – como acontecimento histórico – era a invenção de sacerdotes perspicazes ou de uma vontade divina; as leis morais eram cunhadas por heróis das massas, ou dadas por Deus, ou, ainda, presenteadas ao homem pela "natureza" – uma hipótese não menos mística.

O ponto de vista da produção social representa uma liberação dessas duas alternativas insuficientes. Todas aquelas formações se produzem na relação recíproca dos seres humanos, ou por vezes *são* também elas mesmas relações recíprocas, mas de uma maneira tal que não podem ser deduzidas do indivíduo observado em si mesmo. Paralelamente a essas duas possibilidades encontra-se uma terceira – a produção de fenômenos através da vida social, que ainda se dá por meio de dois sentidos. Em primeiro lugar, pela contiguidade de indivíduos que agem uns sobre os outros; assim, o que é produzido *em* cada um não pode ser somente explicado *a partir* de si mesmo. Em segundo lugar, por meio da sucessão das gerações, cujas heranças e tradições se misturam indissociavelmente com as características próprias do indivíduo, e agem de modo tal que o ser humano social, diferentemente de toda vida sub-humana, não é somente descendente, mas sobretudo herdeiro.

A sociologia como método

Por meio da conscientização do modo de produção social, que se insere entre o modo puramente individual e o transcendental, surgiu em todas as ciências do espírito um método genético, uma nova ferramenta para a solução de seus problemas – quer estes atinjam o Estado ou a organização da Igreja, a língua ou a Constituição. A sociologia não é somente uma ciência com objeto próprio, delimitado e reservado para si, o que a oporia a todas as outras ciências, mas ela também se tornou sobretudo um *método* das ciências históricas e do espírito. Para que se aproveitem desse método, essas ciências não precisam de modo algum deixar seu lugar, não precisam se tornar parte da sociologia – como exigia aquele conceito fantasticamente exagerado da ciência da sociedade.

A sociologia se aclimata a cada campo específico de pesquisa, tanto no da economia como no campo histórico-cultural, tanto no ético como no teológico. Dessa maneira, ela não procede de modo diferente daquele típico do método indutivo em seu tempo, que, como princípio de pesquisa, invadiu todos os grupos de problemas, auxiliando na solução de questões que pareciam insuperáveis. Mas nem por isso a indução se tornou uma ciência específica ou uma ciência abrangente, e o mesmo se dá com a sociologia. À medida que insiste no fato de que o ser humano deve ser entendido como ser social, e que a sociedade é a portadora de todo evento histórico, a sociologia não possuirá qualquer *objeto* que já não tenha sido tratado antes em uma das ciências existentes. Possuirá um caminho comum a todas elas, um método da ciência que, justamente em razão de sua aplicabilidade à totalidade dos problemas, não é uma ciência com um conteúdo que lhe seja próprio.

Justamente porque esse método possui tal universalidade, ele forma um fundamento comum para todos os grupos de problemas que antes careciam de alguns esclarecimentos que cada um só poderia receber de outro; a generalidade do ser socializado, que permite que as forças dos indivíduos se determinem mutuamente, corresponde à generalidade do modo sociológico de conhecimento, graças ao qual se torna viável resolver e aprofundar um problema em uma região do conhecimento cujo conteúdo seja totalmente heterogêneo. 🙰

QUESTÕES E TEMAS PARA DISCUSSÃO

1. Discuta exemplos de tipos de interações: com diferentes graus de intimidade e de anonimato; interações mais formais ou ritualizadas e outras, mais informais e cotidianas; de diferentes tipos (conflituosas, de cooperação, de competição, de submissão).
2. Qual a diferença entre perceber a sociedade como uma "coisa" ou como um "processo"? Qual o papel possível para a ação do indivíduo, num e noutro caso?

LEITURAS SUGERIDAS

Simmel, Georg. *Questões fundamentais da sociologia: indivíduo e sociedade*. Rio de Janeiro, Zahar, 2006.

____. *Filosofia da moda e outros escritos*. Lisboa, Texto e Grafia, 2008.

Waizbort, Leopoldo. *As aventuras de Georg Simmel*. São Paulo, Editora 34, 3ª ed., 2013.

4. Weber, Schutz e a sociologia como ciência da compreensão

O alemão Max Weber (1864-1920) é sem dúvida outro dos grandes "pais fundadores" da sociologia. Escreveu livros clássicos da disciplina como *A ética protestante e o "espírito" do capitalismo* (1904-05) e *Economia e sociedade* (1922), além de vários estudos sobre sociologia da religião. Defendeu a visão de que a sociologia é uma ciência interpretativa que busca a *compreensão*, diferentemente das ciências naturais, que buscam a explicação através da descoberta de leis.

Sua obra influenciou decisivamente muitos outros autores, como Alfred Schutz (1899-1957), filósofo austríaco que emigrou para os Estados Unidos em 1939 e procurou, em sua obra, unir a tradição da filosofia fenomenológica de Edmund Husserl com a sociologia de Max Weber. É de Schutz o primeiro texto deste capítulo, no qual afirma que entre as ciências sociais e as naturais não há diferenças de natureza lógica nem de rigor na utilização de métodos de investigação.

A especificidade das ciências sociais estaria no fato de que o campo de observação do cientista social – a realidade social – tem um significado prévio para ele próprio e para as pessoas que são objeto da investigação. O cientista social, desse modo, interpretaria "constructos de segundo grau" em relação ao conhecimento de "primeiro grau" do senso comum, trabalhando sobre as interpretações subjetivas dos vários atores sobre a realidade social (inclusive e necessariamente as dele próprio).

Essa compreensão de "segundo grau", seguindo a perspectiva sociológica de Weber, constitui o método propriamente sociológico, em sua tentativa de apreender o significado subjetivo das ações dos indivíduos. Essa visão está mais detalhada no segundo texto deste capítulo, no qual Weber defende que, diferente das ciências da natureza, a sociologia trabalharia com a construção de *tipos ideais* que acentuam e exageram alguns aspectos da realidade para, assim, poder compreendê-la.

Nesse sentido, o tipo ideal é uma "utopia", pcis não é empiricamente encontrado na realidade: é uma construção intelectual do pesquisador. Ele não é um fim, mas um método que permite compreender os fenômenos concretos: ele só será importante na medida em que for eficaz; se deixar de sê-lo, deve ser substituído por outro tipo ideal, mais adequado à compreensão dos fenômenos. Veremos, no terceiro texto deste capítulo, um exemplo de aplicação do método weberiano, através da análise dos tipos ideais de dominação legítima.

SOCIOLOGIA INTERPRETATIVA

Alfred Schutz

Da unidade das ciências

Uma palavra sobre o problema da unidade do método das ciências empíricas. Parece-me que o cientista social pode concordar com a afirmação segundo a qual as principais diferenças entre as ciências sociais e as naturais não têm de ser procuradas numa lógica diferente que rege cada ramo do conhecimento. Mas isso não quer dizer que as ciências sociais têm de abandonar os dispositivos particulares que usam para explorar a realidade social em nome de uma unidade ideal de métodos que se baseia na hipótese inteiramente infundada de que apenas os métodos utilizados nas ciências naturais e especialmente na física são científicos. ...

O assunto básico da sociologia

... Uma teoria que visa explicar a realidade social tem de desenvolver dispositivos particulares, estranhos às ciências naturais, a fim de acompanhar a experiência do senso comum do mundo social. Isso foi, de fato, o que fizeram todas as ciências teóricas das coisas humanas – economia, sociologia, direito, linguística, antropologia cultural etc.

Esse estado de coisas fundamenta-se no fato de que existe uma diferença essencial entre a estrutura dos objetos de pensamento, ou constructos mentais, formados pelas ciências sociais e aqueles formados pelas ciências naturais. Compete ao cientista natural, e somente a ele, definir, de acordo com as regras de procedimento de sua ciência, o seu campo de observação e determinar os fatos, dados e eventos dentro dele que são relevantes para o seu problema ou propósito científico em questão. Nem esses fatos e eventos são previamente selecionados nem o campo de observação é previamente interpretado. O mundo da natureza, segundo é explorado pelo cientista natural, nada "significa" para as moléculas, átomos e elétrons aí existentes. O campo de observação do cientista social, no entanto, ou mais precisamente a realidade social, tem um significado específico e uma estrutura de relevâncias para os seres humanos que vivem, agem e pensam dentro dele. Através de uma série de construções do senso comum, eles previamente selecionaram e interpretaram esse mundo que vivenciam como a realidade de suas vidas diárias. São esses seus objetos de pensamento que determinam seu comportamento, motivando-o. Os objetos de pensamentos construídos pelo cientista social para captar essa realidade social têm de ser fundamentados nos objetos de pensamento construídos pelo pensamento do senso comum dos homens que vivem sua vida diária dentro do seu mundo social. Assim, os constructos das ciências sociais são, por assim dizer, constructos de segundo grau, ou seja, constructos dos constructos feitos pelos atores no cenário social, cujo comportamento o cientista social tem de observar e explicar de acordo com as regras de procedimento da sua ciência.

Assim, a exploração dos princípios gerais segundo os quais o homem organiza suas experiências na vida diária, e especialmente as do mundo social, é a primeira tarefa da metodologia das ciências sociais.

Sociologia da compreensão

O fato de que, no pensamento do senso comum, tomamos como pressuposto o nosso conhecimento real ou potencial do significado das ações humanas e de seus produtos é, assim penso eu, precisamente o que os cientistas querem expressar quando falam de compreensão ou *Verstehen* como uma técnica para lidar com as coisas humanas. *Verstehen* é, pois, primeiramente, não um método usado pelo cientista social, mas a forma particular de experiência através da qual o pensamento do senso comum toma conhecimento do mundo social e cultural. Não tem nada a ver com introspecção, é resultado de processos de aprendizado ou aculturação, do mesmo modo que a experiência do senso comum do chamado mundo natural. *Verstehen*, além disso, não é de modo algum uma coisa privada do observador, que não pode ser controlada pelas experiências de outros observadores. É controlável pelo menos na mesma medida em que as percepções sensoriais privadas de um indivíduo são controláveis por qualquer outro indivíduo em certas condições. Basta pensar numa discussão do júri num tribunal quanto a se o réu demonstrou "maldade premeditada" ou "intenção" de matar uma pessoa, se ele era capaz de saber das consequências do seu feito etc. Aqui, temos até certas "regras de procedimento", fornecidas pelas "regras de evidência", no sentido jurídico, e uma espécie de verificação dos resultados obtida através de processos de *Verstehen*, como o Tribunal de Apelação etc. Muitas outras predições baseadas em *Verstehen* são feitas frequentemente e com muito sucesso no pensamento do senso comum.

Existe mais do que uma chance razoável de que uma carta devidamente selada e endereçada, colocada numa caixa de correio em Nova York, chegue ao seu destino em Chicago.

Apesar disso, tanto os defensores quanto os críticos do processo de *Verstehen* mantêm, e com razão, que *Verstehen* é "subjetiva". Infelizmente, porém, cada partido usa esse termo num sentido diferente. Os críticos da compreensão a chamam de subjetiva porque, para eles, compreender os motivos da ação de outro homem depende da intuição pessoal, incontrolável e impossível de verificar, do observador, ou refere-se ao seu sistema pessoal de valores. Os cientistas sociais, como Max Weber, no entanto, chamam *Verstehen* de subjetiva porque a sua meta é descobrir o que o ator "significa" em sua ação, em contraste com o significado que essa ação tem para o parceiro do ator ou para um observador neutro. É essa a origem do famoso postulado de Max Weber da interpretação subjetiva… Toda a discussão é prejudicada pelo fato de não se distinguir com clareza entre *Verstehen*: 1) como a forma de experiência do conhecimento do senso comum das coisas humanas; 2) como um problema epistemológico; e 3) como um método peculiar das ciências sociais.

Interpretação subjetiva

Os constructos envolvidos na experiência do senso comum do mundo intersubjetivo na vida diária, que são chamados *Verstehen*, são os constructos de primeiro grau, sobre os quais têm de ser erigidos os constructos de segundo grau das ciências sociais… Mostramos que os constructos de primeiro grau, os constructos do senso comum, referem-se a elementos subjetivos, ou seja, à *Verstehen* da ação do ator do seu – do ator – ponto de vista. Consequentemente, se as ciências sociais visam, de fato, explicar a realidade social, então os constructos científicos de segundo grau têm também de incluir uma referência ao significado subjetivo que uma ação tem para o ator. Isso é, penso, o que Max Weber concebia em seu famoso postulado da interpretação subjetiva, o qual, de fato, tem sido observado na formação das teorias de todas as ciências sociais. O postulado da interpretação subjetiva tem de ser entendido no sentido de que todas as explicações científicas do mundo social podem e, para certos propósitos, têm de referir-se ao significado subjetivo das ações dos seres humanos, das quais se origina a realidade social...

Como é possível formar conceitos objetivos e teorias objetivamente verificáveis de estruturas de significado subjetivas? A visão básica de que os conceitos formados pelo cientista social são constructos dos constructos formados no pensamento do senso comum pelos atores no cenário social responde a essa pergunta.

Os constructos científicos de segundo grau, formados de acordo com as regras de procedimento válidas para todas as ciências empíricas, são constructos objetivos típicos, idealizados e, como tais, de tipo diferente dos desenvolvidos no primeiro grau, o do pensamento do senso comum, o qual têm de substituir. São sistemas teóricos contendo hipóteses gerais verificáveis.

OS TIPOS IDEAIS

Max Weber

O domínio do trabalho científico não tem por base as conexões "*objetivas*" entre as "*coisas*" mas as conexões *conceituais* entre os *problemas*. Só quando se estuda um novo problema com o auxílio de um método e se descobrem verdades que abrem novas e importantes perspectivas é que nasce uma nova "ciência".

Não é pois por causalidade que o conceito de "social", que parece ter sentido muito geral, adquire, logo que seu emprego é submetido a controle, um significado muito particular e específico, embora geralmente indefinido. O que nele há de "geral" deve-se, com efeito, à sua indeterminação. Porque, se é encarado no seu significado geral, não oferece qualquer *ponto de vista* específico a partir do qual se possa iluminar a *importância* de determinados elementos culturais ... .

De tudo o que até aqui se disse resulta que carece de razão de ser um estudo "objetivo" dos acontecimentos culturais, no sentido em que o fim ideal do trabalho científico deveria consistir numa redução da realidade empírica a certas leis. Carece de razão de ser não porque – como frequentemente se sustentou – os acontecimentos culturais ou, se se quiser, os fenômenos espirituais evoluam "objetivamente" de modo menos sujeito a leis, mas:

a) porque o conhecimento de leis sociais não é um conhecimento do socialmente real, mas unicamente um dos diversos meios auxiliares que nosso pensamento utiliza para esse efeito; e

b) porque nenhum conhecimento dos acontecimentos culturais poderá ser concebido senão com base na *significação* que a realidade da vida, sempre configurada de modo individual, possui para nós em determinadas relações *singulares* ... .

...Podemos finalmente dedicar-nos à questão que nos interessa metodologicamente a propósito do estudo da "objetividade" do conhecimento nas ciências da cultura. Qual é a função lógica e a estrutura dos conceitos com os quais trabalha a nossa ciência, à semelhança de qualquer outra? Ou, para dizer de outro modo e em função do problema decisivo: Qual a significação da teoria e da formação teórica dos conceitos para o conhecimento da realidade cultural? ...

As construções da teoria abstrata só na aparência são "deduções" a partir de motivos psicológicos fundamentais. Na realidade, trata-se antes do caso especial de uma forma da construção dos conceitos, própria das ciências da cultura humanas e, em certo grau, indispensável. ..

Na teoria econômica abstrata temos um exemplo dessas sínteses a que se costuma dar o nome de "ideias" dos fenômenos históricos. Oferece-nos um *quadro ideal* dos eventos no mercado dos bens de consumo, no caso de uma sociedade organizada segundo o princípio da troca, da concorrência livre e de uma ação estritamente racional. Este quadro do pensamento reúne determinadas relações e acontecimentos da vida histórica para formar um cosmos não contraditório de relações *pensadas*. Pelo seu conteúdo, essa construção reveste-se do caráter de uma *utopia*, obtida mediante a acentuação *mental* de determinados elementos da realidade. A sua relação com os fatos empiricamente dados consiste apenas em que, onde quer que se *comprove*, ou *suspeite* de que determinadas relações – do tipo das representadas de modo abstrato naquela construção, a saber, as dos acontecimentos dependentes do "mercado" – chegaram a atuar em algum grau sobre a realidade, podemos *representar* e tornar compreensível pragmaticamente a *natureza particular* dessas relações mediante um *tipo ideal*. Esta possibilidade pode ser valiosa, e mesmo indispensável, tanto para a investigação como para a exposição.

No que se refere à *investigação*, o conceito do tipo ideal propõe-se a formar o juízo de atribuição. Não é uma "hipótese", mas pretende apontar o caminho para a formação de hipóteses. Embora *não constitua* uma *exposição* da realidade, pretende conferir a ela meios expressivos unívocos. É, portanto, a "ideia" da organização moderna e *historicamente* dada da sociedade numa economia de mercado, ideia essa que evolui de acordo com os mesmos princípios lógicos que serviram, por exemplo, para formar a da "economia urbana" da Idade Média à maneira de um conceito "genético". Não é pelo estabelecimento de uma *média* dos princípios econômicos que realmente existiram em todas as cidades examinadas, mas igualmente pela construção de um *tipo ideal* que se forma o conceito de "economia urbana".

Obtém-se um tipo ideal mediante a *acentuação* unilateral de *um* ou *vários* pontos de vista e mediante o encadeamento de grande quantidade de fenômenos *isoladamente* dados, difusos e discretos, que se podem dar em maior ou menor número ou mesmo faltar por completo, e que se ordenam segundo os pontos de vista unilateralmente acentuados, a fim de se formar um quadro homogêneo de *pensamento*. Torna-se impossível encontrar empiricamente na realidade esse quadro, na sua pureza conceitual, pois se trata de uma *utopia*. A atividade *historiográfica* defronta-se com a tarefa de determinar, em cada caso *particular*, a proximidade ou o afastamento entre a realidade e o quadro ideal, em que medida portanto o caráter econômico das condições de determinada cidade poderá ser qualificado como "economia urbana" em sentido conceitual. Desde que cuidadosamente aplicado, esse conceito cumpre as funções específicas que dele se esperam, em benefício da investigação e da representação. ...

Qual é, em face disso, a importância desses conceitos de tipo ideal para uma ciência *empírica*, tal como nós pretendemos praticá-la? Queremos sublinhar desde logo a necessidade de que os quadros de pensamento que aqui tratamos, "ideais" em sentido puramente *lógico*, sejam rigorosamente separados da noção do *dever* ser, do "exemplar". Trata-se da construção de relações que parecem suficientemente motivadas para a nossa *imaginação* e, consequentemente, "objetivamente possíveis", e que parecem *adequadas* ao nosso saber nomológico.

Aqueles que sustentam que o conhecimento da realidade histórica deveria – ou poderia – ser uma cópia "sem pressuposições" de fatos "objetivos", lhes negarão qualquer valor. E mesmo quem tiver reconhecido que, no âmbito da realidade, nada está isento de pressuposições em sentido lógico, e que o mais simples extrato de atas ou documentos apenas poderá ter algum sentido científico em relação a "significações" e assim, em última análise, em relação a ideias de valor, considerará no entanto a construção de qualquer espécie de "utopia" histórica como um meio ilustrativo perigoso para a objetividade do trabalho científico, e com mais frequência, como um simples jogo. E, de fato, nunca se poderá a priori decidir se se trata de um mero jogo mental ou de uma construção conceitual fecunda para a ciência. Também aqui apenas existe um critério, o do sucesso para o conhecimento de fenômenos culturais concretos, tanto nas suas conexões como no seu condicionamento causal e na sua *significação*. Portanto, a construção de tipos ideais abstratos não interessa como fim, mas única e exclusivamente como meio do conhecimento.

OS TRÊS TIPOS PUROS DE DOMINAÇÃO LEGÍTIMA

Max Weber

A dominação, ou seja, a probabilidade de encontrar obediência a um determinado comando, pode fundar-se em diversos motivos de submissão. Pode depender diretamente de uma situação de interesses, ou seja, de considerações utilitárias de vantagens e inconvenientes por parte daquele que obedece. Pode também depender de mero "costume", do hábito obtuso de um comportamento inveterado. Ou pode fundar-se, finalmente, no puro afeto, na *mera* inclinação pessoal do dominado. Não obstante, a dominação que repousasse apenas nesses fundamentos seria relativamente instável. Nas relações entre dominantes e dominados, por outro lado, a dominação costuma apoiar-se internamente em *bases jurídicas*, nas quais se funda a "legitimidade", e o abalo dessa crença na legitimidade costuma acarretar consequências de grande alcance. Em forma totalmente pura, as "bases de legitimidade" da dominação são somente três, cada uma das quais se acha entrelaçada – no tipo puro – com uma estrutura sociológica fundamentalmente diversa do quadro e dos meios administrativos.

Dominação legal

Dominação legal em virtude do estatuto. Seu tipo mais puro é a dominação burocrática. Sua ideia básica é: qualquer direito pode ser criado e modificado mediante um estatuto sancionado corretamente quanto à forma. A associação dominante é eleita ou nomeada, e ela própria e todas as suas partes são *empresas*. Designa-se como "serviço" uma empresa, ou parte dela, heterônoma e heterocéfala [isto é, cujos regulamentos e órgãos executivos não são definidos apenas internamente a ela mas pela sua participação em formas de associação mais amplas, portanto não autônoma nem autocéfala]. O quadro administrativo consiste em *funcionários* nomeados pelo senhor, e os subordinados são *membros* da associação ("cidadãos", "camaradas").

Obedece-se não à pessoa em virtude de seu próprio direito, mas à *regra* estatuída, que estabelece ao mesmo tempo a quem e em que medida se deve obedecer. Também quem ordena obedece, ao emitir uma ordem, a uma regra: à "lei" ou "regulamento" de uma norma *formalmente* abstrata. O tipo daquele que ordena é o "superior", cujo direito de mando está legitimado por uma *regra* estatuída, no âmbito de uma *competência concreta*, cuja delimitação e especialização se baseiam na utilidade objetiva e nas exigências profissionais estipuladas para a atividade do funcionário. O tipo do funcionário é aquele de formação *profissional*, cujas condições de serviço se baseiam num contrato, com pagamento fixo, graduado segundo a hierarquia do cargo e não do volume de trabalho, e direito de ascensão conforme regras fixas. Sua administração é trabalho *profissional* em virtude do *dever objetivo do cargo*. Seu ideal é: proceder *sine ira et studio*, ou seja, sem a menor influência de motivos pessoais e sem influências sentimentais de espécie alguma, livre de arbítrio e capricho e, particularmente, "sem consideração de pessoa", de modo estritamente formal segundo regras racionais ou, quando elas falham, segundo pontos de vista de conveniência "objetiva". O dever de obediência está graduado numa hierarquia de cargos, com subordinação dos inferiores aos superiores, e dispõe de um direito de queixa regulamento. A base do funcionamento técnico é a *disciplina do serviço*.

1) Correspondem naturalmente ao tipo de dominação "legal" não apenas a estrutura moderna do estado e do município, mas também a relação do domínio numa empresa capitalista privada, numa associação com fins utilitários ou numa união de qualquer outra natureza que disponha de um quadro administrativo numeroso e hierarquicamente articulado. As associações políticas modernas não passam de representantes mais conspícuos do tipo. Sem dúvida a dominação da empresa capitalista moderna é uma parte heterônoma: sua ordenação acha-se parcialmente prescrita pelo estado. E, no que se refere ao quadro coercitivo, é totalmente heterocéfala: são os quadros judicial e policial estatais que (normalmente) executam essas funções. Mas é autocéfala no tocante à organização administrativa, cada vez mais burocrática que lhe é própria. O fato de o ingresso na associação dominante ter-se dado de modo formalmente voluntário nada muda no caráter do domínio, posto que a exoneração e a renúncia são igualmente "livres", o que normalmente submete os dominados às normas da empresa, devido às condições de mercado de trabalho. O parentesco sociológico da dominação legal com o moderno domínio estatal

manifestar-se-á ainda mais claramente ao se examinarem os seus fundamentos econômicos. A vigência do "contrato" como base na empresa capitalista impõe-lhe o timbre de um tipo eminente da relação de dominação "legal".

2) A burocracia constitui o tipo tecnicamente mais puro da dominação legal. Nenhuma dominação, todavia, é *exclusivamente* burocrática, já que nenhuma é exercida unicamente por funcionários contratados. Isto é totalmente impossível. Com efeito, os cargos mais altos das associações políticas ou são "monarcas" (soberanos carismáticos hereditários) ou "presidentes" eleitos pelo povo (ou seja, senhores carismáticos-plebiscitários), ou são eleitos por um colegiado parlamentar cujos senhores de fato não são propriamente os seus membros mas os chefes, seja carismáticos, seja de caráter dignitário (*honoratiores*), dos partidos majoritários. Tampouco é possível encontrar um quadro administrativo que seja de fato puramente burocrático. Costumam participar na administração, sob as formas mais diversas, dignitários (*honoratiores*) de um lado e representantes de interesses por outro (sobretudo na chamada administração autônoma). É decisivo todavia que o trabalho rotineiro esteja entregue, de maneira predominante e progressiva, ao elemento burocrático. Toda a história do desenvolvimento do Estado moderno, particularmente, identifica-se com a da moderna burocracia e da empresa burocrática, da mesma forma que toda a evolução do grande capitalismo moderno se identifica com a burocratização crescente das empresas econômicas. As formas de dominação burocrática estão em ascensão em todas as partes.

3) A burocracia não é o único tipo de dominação legal. Os funcionários designados por turno, por sorte ou eleição, a administração pelos parlamentos e pelos comitês, assim como todas as modalidades de corpos colegiados de governo e administração correspondem a esse conceito, sempre que sua competência esteja fundada sobre regras estatuídas e que o exercício do direito do domínio seja congruente com o tipo de administração legal. Na época da fundação do Estado moderno, as corporações colegiadas contribuíram de maneira decisiva para o desenvolvimento da forma de dominação legal e o conceito de "serviço", em particular, deve-lhes a sua existência. Por outro lado, a burocracia eletiva desempenha papel importante na história anterior à administração burocrática moderna (e também hoje nas democracias).

Dominação tradicional

Dominação tradicional em virtude da crença na santidade das ordenações e dos poderes senhoriais de há muito existentes. Seu tipo mais puro é o da dominação patriarcal. A associação dominante é de caráter comunitário. O tipo daquele que ordena é o "senhor", e os que obedecem são "súditos", enquanto o quadro administrativo é formado por "servidores". Obedece-se à pessoa em virtude de sua dignidade própria, santificada pela tradição: por fidelidade. O conteúdo das ordens está fixado pela tradição, cuja violação desconsiderada por parte do senhor poria em perigo a legitimidade do seu próprio domínio, que repousa exclusivamente na santidade delas.

Por princípio considera-se impossível criar novo direito diante das normas e da tradição. Por conseguinte isso se dá, de fato, através do "reconhecimento" de um estatuto como "válido para sempre" (por sabedoria). Por outro lado, fora das normas tradicionais, a vontade do senhor somente se acha fixada pelos limites que em cada caso lhe põe o sentimento de equidade, ou seja, de forma sumamente elástica. Daí a divisão do seu domínio numa área estritamente firmada pela tradição e, em outra, da graça e do arbítrio livres, onde age conforme seu prazer, sua simpatia ou antipatia e de acordo com pontos de vista puramente pessoais, sobretudo suscetíveis de se deixarem influenciar por preferências também pessoais. Não obstante, na medida em que na base da administração e da composição dos litígios existem princípios, estes são os da equidade ética material, da justiça ou da utilidade prática, mas não os de caráter formal, como é o caso na dominação legal.

No quadro administrativo, as coisas ocorrem exatamente da mesma forma. Ele consta de dependentes pessoais do senhor (familiares ou funcionários domésticos) ou de parentes, ou de amigos pessoais (favoritos), ou de pessoas que lhe estejam ligadas por um vínculo de fidelidade (vassalos, príncipes tributários). Falta aqui o conceito burocrático de "competência" como esfera de jurisdição objetivamente delimitada. A extensão do poder "legítimo" de mando do servidor particular é em cada caso regulado pela discrição do senhor, da qual ele é também completamente dependente no exercício desse poder nos cargos importantes ou mais altos. De fato, rege-se em grande parte pelo que os servidores podem-se permitir diante da docilidade dos súditos. Dominam as relações do quadro administrativo não o dever ou a disciplina objetivamente ligados ao cargo mas a fidelidade pessoal do servidor.

Conforme a modalidade de posição desse quadro administrativo é possível observar, contudo, duas formas distintas em suas características:

1) A estrutura puramente patriarcal de administração: os servidores são recrutados em completa dependência pessoal do senhor, seja sob a forma puramente patrimonial (escravos, servos, eunucos) ou extrapatrimonial, de camadas não totalmente desprovidas de direitos (favoritos e plebeus). Sua administração é totalmente heterônoma e heterocéfala: não existe direito próprio algum do administrador sobre o cargo, mas tampouco existem seleção *profissional* nem honra estamental para o funcionário; os meios materiais

da administração são aplicados em nome do senhor e por sua conta. Sendo o quadro administrativo inteiramente dependente dele, não existe nenhuma garantia contra o seu arbítrio, cuja extensão possível é, por conseguinte, maior aqui do que em qualquer outra parte. O tipo mais puro dessa dominação é o *sultanato*. Todos os verdadeiros "despotismos" tiveram esse caráter, segundo o qual o domínio é tratado como prerrogativa corrente do senhor.

2) A estrutura estamental: os servidores não o são pessoalmente do senhor, e sim pessoas independentes, de posição própria que lhes angaria proeminência social. Estão *investidos* em seus cargos (de modo efetivo ou conforme a ficção de legitimidade) por privilégio ou concessão do senhor, ou possuem, em virtude de um negócio jurídico (compra, penhora ou arrendamento) um direito próprio do cargo, do qual não se pode despojá-los sem mais. Assim, sua administração, ainda que limitada, é autocéfala e autônoma, exercendo-se por conta própria e não por conta do senhor. É a dominação *estamental*. A competição dos titulares dos cargos em relação ao âmbito dos mesmos (e de suas rendas) determina a delimitação recíproca dos seus conteúdos administrativos e figura no lugar da "competência". A articulação hierárquica é frequentemente ferida pelo privilégio ... .

Falta a categoria de "disciplina". As relações gerais são reguladas pela tradição, pelo privilégio, pelas relações de fidelidade feudais ou patrimoniais, pela honra estamental e pela "boa vontade". O poder senhorial acha-se, pois, repartido entre o senhor e o quadro administrativo com título de propriedade e de privilégios, e esta *divisão de poderes* estamental imprime um caráter altamente estereotipado ao tipo de administração.

A dominação patriarcal (do pai de família, do chefe da parentela ou do "soberano") não é senão o tipo mais puro de dominação tradicional. Toda sorte de "chefe" que assume a autoridade legítima com um êxito que deriva simplesmente do hábito inveterado pertencente à mesma categoria, ainda que não apresente uma caracterização tão clara. A fidelidade inculcada pela educação e pelo hábito nas relações de criança com o chefe de família constitui o contraste mais típico com a posição do trabalhador ligado por contato a uma empresa, de um lado, e com a relação religiosa emocional do membro de uma comunidade com relação a um profeta, por outro. E, efetivamente, a associação doméstica constitui uma célula reprodutora das relações tradicionais de domínio. Os "funcionários" típicos do Estado patrimonial e feudal são empregados domésticos inicialmente encarregados de tarefas afetas puramente à administração doméstica (senescal, camareiro, escansão, mordomo).

A coexistência da esfera de atividade ligada à tradição com a da atividade livre é comum a todas as formas de dominação tradicional. No âmbito dessa esfera livre a ação do senhor ou do seu quadro administrativo tem que ser comprada ou conquistada por meio de relações pessoais. (O sistema de taxas tem nisso uma de suas origens.) A falta de direito formal, que é de importância decisiva, e sua substituição pelo predomínio de princípios materiais [em contraste com os princípios formais] na administração e na consolidação de litígios é também comum a todas as formas de dominação tradicional e tem consequências de amplo alcance, em particular no que diz respeito à relação com a economia. O patriarca, assim como o senhor patrimonial, rege e decide segundo princípios da "justiça do Cadi" [islâmico], ou seja: por um lado preso estritamente à tradição, mas por outro e na medida em que esse vínculo deixa liberdade, conforme pontos de vista juridicamente informais e irracionais de equidade e justiça em cada caso particular, e "com consideração da pessoa". Todas as codificações e leis da dominação patrimonial respiram o espírito do chamado "Estado-providência": predomina uma combinação de princípios ético-sociais e utilitário-sociais que rompe toda a rigidez jurídica formal.

A separação entre as estruturas patriarcal e estamental da dominação tradicional é básica para toda a sociologia do Estado da época pré-burocrática. (Sem dúvida o contraste somente se torna totalmente compreensível quando associado ao seu aspecto econômico, de que se falará mais adiante: separação do quadro administrativo com relação aos meios materiais de administração, ou expropriação desses meios por aquele quadro.) Toda a questão sobre a existência de "estamentos" que tenham sido portadores de bens culturais ideais e sobre quais o teriam sido depende historicamente, em primeiro lugar, dessa separação. A administração por meio de elementos patrimoniais dependentes (escravos e servos), tal como é encontrada no Oriente Médio e no Egito até a época dos mamelucos, constitui o tipo mais extremo e aparentemente (nem sempre, na realidade) mais consequente do domínio puramente patriarcal, absolutamente desprovido de estamentos. A administração por meio de plebeus livres situa-se relativamente próxima do sistema burocrático racional. A administração por meio de letrados pode revestir, segundo o caráter deles (contraste típico: brâmanes hindus de um lado e mandarins chineses de outro e, em confronto com ambos, clérigos budistas e cristãos), formas muito diferentes, aproximando-se sempre, porém, do tipo estamental. Este está representado na sua forma mais nítida na administração pela nobreza e, na sua modalidade mais pura, pelo feudalismo, que coloca a relação de lealdade totalmente pessoal e o apelo à honra estamental do cavaleiro investido no cargo no lugar da obrigação objetiva racional devida ao próprio cargo.

Toda forma de dominação estamental baseada numa apropriação mais ou menos fixa do poder de administração encontra-se, relativamente ao patriarcalismo, mais próxima da dominação legal, pois reveste, em virtude das garantias que cercam as competências dos privilegiados, o caráter de um "feudalismo jurídico" de tipo especial (consequência da "divisão de poderes" estamental), que falta às configurações de caráter patriarcal, com suas administrações totalmente dependentes do arbítrio do senhor. Por outro lado, porém, a disciplina rígida e a falta do direito próprio do quadro administrativo no patriarcalismo situam-se tecnicamente mais próximas da disciplina do cargo da dominação legal do que a administração fragmentada pela apropriação e, por conseguinte, estereotipada, das configurações estamentais. E o emprego de plebeus (juristas) a serviço do senhor praticamente constituiu na Europa o elemento precursor do Estado moderno.

Dominação carismática

Dominação carismática em virtude de devoção afetiva à pessoa do senhor e a seus dotes por graça (*carisma*) e, particularmente: a faculdades mágicas, revelações ou heroísmo, poder intelectual ou de oratória. O sempre novo, o extracotidiano, o inaudito e o arrebatamento emotivo que provocam constituem aqui a força de devoção pessoal. Seus tipos mais puros são a dominação do profeta, do herói guerreiro e do grande demagogo. A associação dominante é de caráter comunitário, na comunidade ou no séquito. O tipo que manda é o *líder*. O tipo que obedece é o *"apóstolo"*. Obedece-se exclusivamente à pessoa do líder por suas qualidades excepcionais e não em virtude de sua posição estatuída ou de sua dignidade tradicional; e, portanto, também somente enquanto essas qualidades lhe são atribuídas, ou seja, enquanto seu carisma *subsiste*. Por outro lado, quando é "abandonado" pelo seu deus ou quando decaem a sua força heroica ou a fé dos que creem em suas qualidades de líder, então seu domínio também se torna caduco.

O quadro administrativo é escolhido segundo carisma e vocação pessoais, e não devido à sua qualificação pessoal (como o funcionário), à sua posição (como no quadro administrativo estamental) ou à sua dependência pessoal, de caráter doméstico ou outro (como é o caso do quadro administrativo patriarcal). Falta aqui o conceito racional de "competência", assim como o estamental de "privilégio". São exclusivamente determinantes da extensão da legitimidade do sequaz designado ou do apóstolo a missão do senhor e sua qualificação carismática pessoal. A administração – na medida em que assim se possa dizer – carece de qualquer orientação dada por regras, sejam elas estatuídas ou tradicionais. São características dela, sobretudo, a revelação ou a criação momentâneas, a ação e o exemplo, as decisões particulares, ou seja, em qualquer caso, medido com a escala das ordenações estatuídas – o *irracional*. Não está presa à tradição: "Está escrito, porém eu lhes digo..." vale para o profeta, enquanto para o herói guerreiro as ordenações legítimas desaparecem diante da nova criação pela força da espada e, para o demagogo, em virtude do "direito natural" revolucionário que ele proclama e sugere. A forma genuína da jurisdição e a conciliação de litígios carismáticos é a proclamação da sentença pelo senhor ou pelo "sábio" e sua aceitação pela comunidade (de defesa ou de crença), e esta sentença é obrigatória, sempre que não se lhe oponha outra concorrente, de caráter também carismático. Neste caso, encontramo-nos diante de uma luta de líderes, que em última instância somente pode ser resolvida pela *confiança* da comunidade e na qual o direito somente pode estar de um dos lados, ao passo que para o outro somente pode existir injustiça merecedora de castigo.

a) O tipo de dominação carismática foi brilhantemente descrito pela primeira vez – ainda que sem reconhecê-lo como tipo – por R. Sohm. A partir de então a expressão foi reiteradamente utilizada, sem que sua extensão fosse apreciada por completo. O passado antigo somente conhece, ao lado de tentativas insignificantes de domínio "estatuído", que sem dúvida não faltam, totalmente, a divisão de conjunto de todas as relações de dominação em tradição e carisma. Ao lado do "chefe econômico" (*sachem*) dos índios [norte-americanos], tipo essencialmente tradicional, figura o príncipe guerreiro carismático (que corresponde ao "duque" alemão) com seu séquito. A caça e as campanhas bélicas, que requerem ambas um líder pessoal dotado de qualidades excepcionais, constituem a área mundana da liderança carismática, enquanto a magia constitui seu âmbito "espiritual". A partir de então, a dominação carismática dos profetas e dos príncipes guerreiros estende-se sobre os homens, em todas as épocas, através dos séculos. O político carismático – o "demagogo" – é um produto da cidade-estado ocidental. Na cidade-estado de Jerusalém somente aparecia com vestimenta religiosa, como profeta. Já em Atenas, a partir das inovações de Péricles e Efialtes [na reforma constitucional democrática de 462 a.C.], a Constituição ajustava-se exatamente à sua medida e a máquina estatal não teria podido funcionar sem ele.

b) A autoridade carismática baseia-se na "crença" no profeta ou no "reconhecimento" que encontram pessoalmente o herói guerreiro, o herói da rua e o demagogo, e com eles cai. E, todavia, sua autoridade não *deriva* de forma alguma desse reconhecimento por parte dos submetidos, senão ao contrário: a fé e o reconhecimento são considerados um *dever*, cujo cumprimento aquele que se apoia na legitimidade carismática exige para si, e cuja negligência castiga. Sem dúvida, a autoridade carismática é uma das grandes forças revolucionárias da História, porém em sua forma totalmente pura tem caráter eminentemente autoritário e dominador.

c) A expressão "carisma" é empregada aqui num sentido plenamente livre de juízos de valor. Para o sociólogo a cólera maníaca do "homem-fera" (*berserker*) nórdico, os milagres e as revelações de qualquer profeta de esquina ou os dotes demagógicos de Cleonte [líder da facção oposicionista contra Péricles do partido democrático em Atenas de 431 a 422 a.C.] são "carisma" com o mesmo título que as qualidades de um Napoleão, de um Jesus ou de um Péricles. Porque para nós o decisivo é se foram considerados e se *atuaram* como tal, vale dizer, se encontraram ou não reconhecimento. O pressuposto indispensável para isso é "fazer-se acreditar": o senhor carismático tem de se fazer acreditar como senhor pela "graça de Deus", por meio de milagres, êxitos e prosperidade do séquito e dos súditos. Não conseguindo isso, enfraquece-se seu domínio. Esse conceito carismático da "graça divina" teve consequências decisivas onde vigorou. O monarca chinês via-se ameaçado em sua posição tão logo a seca, as inundações, a perda de colheitas ou outras calamidades punham em tela de juízo se estava ou não sob a proteção do céu. Tinha de proceder à autoacusação pública e de praticar penitência e, se a calamidade persistia, ameaçavam-no de queda do trono e ainda eventualmente de sacrifício. O fazer-se acreditar por meio de milagres era exigido de todo profeta (como ainda fizeram com Lutero os fanáticos de Zwickau).

A subsistência da grande maioria das relações de domínio de caráter fundamental *legal* repousa, na medida em que contribui para sua estabilidade a crença na legitimidade, sobre bases mistas: o hábito tradicional e o "prestígio" (carisma) figuram ao lado da crença – igualmente inveterada, no final das contas – na importância da legitimidade formal. O abalo de uma dessas bases por exigências postas aos súditos de forma contrária à ditada pela tradição, por uma adversidade aniquiladora do prestígio ou por violação da correção da forma legal usual abala igualmente a crença na legitimidade. Contudo, para a subsistência continuada da submissão efetiva dos dominados, é de suma importância em *todas* as relações de domínio o fato primordial da existência do quadro administrativo e de sua atuação *ininterrupta* no sentido da execução das ordenações e de assegurar (direta ou indiretamente) a submissão a elas. A segurança dessa ação realizadora do domínio é o que se designa pela expressão "organização". E para a lealdade do quadro administrativo perante o senhor, tão importante segundo o que se acaba de ver, é por sua vez decisiva a solidariedade – tanto ideal quanto material – de interesses com relação a ele. No que diz respeito às relações do senhor com o quadro administrativo, é de aplicação geral a frase segundo a qual normalmente o senhor, em virtude do isolamento dos membros desse quadro e da solidariedade de cada um deles para com ele mesmo, é o mais forte diante de cada indivíduo renitente, porém é em todo caso o mais fraco se esses – como tem ocorrido ocasionalmente, tanto no passado quanto no presente – se associam entre si. Requer-se todavia um acordo cuidadosamente planejado entre os membros do quadro administrativo para bloquear, por meio da obstrução ou da reação deliberada, a influência do senhor sobre a sua ação associada e, por essa via, paralisar o seu domínio. E isso requer, da mesma forma, a criação de um quadro administrativo próprio.

d) A dominação carismática é uma relação social especificamente *extracotidiana* e puramente pessoal. E, caso de subsistência continuada, o mais tardar com o desaparecimento do portador do carisma a relação de domínio – no último caso citado quando não se extingue de imediato mas subsiste de alguma forma, passando a autoridade do senhor a seus sucessores – tende a tornar-se rotineira, *cotidiana*. Isso pode ocorrer:

1) por conversão das ordenações carismáticas para o tipo tradicional. No lugar da reiterada recriação carismática na jurisprudência e na ordem administrativa pelo portador do carisma, ou pelo quadro administrativo carismaticamente qualificado, introduz-se a autoridade dos prejuízos e dos precedentes, que as protegem ou lhes são atribuídas;

2) pela passagem do quadro administrativo carismático, isto é, do apostolado ou do séquito, a um quadro legal ou estamental mediante assunção de direitos de dominação interna ou apropriados por privilégio (feudos, prebendas);

3) por transformação do sentido do próprio carisma. É determinante para isso o tipo de solução da questão palpitante, tanto por motivos ideais como materiais (sobremaneira frequentes) do *problema da sucessão*.

A sucessão pode processar-se de diversas maneiras. A mera espera passiva do aparecimento de um novo senhor carismaticamente creditado ou qualificado costuma ser substituída – sobretudo quando se prolonga e interesses poderosos de qualquer natureza acham-se ligados à subsistência da associação dominante – pela atuação direta tendo em vista a sua obtenção:

a) pela busca de indícios de qualificação carismática. Um tipo bastante puro é o da busca do novo Dalai Lama [no Tibete]. O caráter estritamente pessoal e extraordinário do carisma converte-se assim num atributo suscetível de verificação conforme regras;

b) por meio do oráculo, da sorte ou de outras técnicas de designação. A crença na pessoa do qualificado converte-se assim em crença na técnica correspondente;

c) por designação do qualificado carismaticamente, que por sua vez pode ocorrer de vários modos:

1) pelo próprio portador do sistema. É a designação do sucessor, forma muito frequente, tanto entre os profetas como entre os príncipes guerreiros. A crença na legitimidade própria do carisma converte-se assim na crença da aquisição legítima do domínio em virtude de designação jurídica ou divina;

2) por um apostolado ou um séquito carismaticamente qualificado, ao qual se soma o reconhecimento pela comunidade religiosa ou militar, conforme o caso. A concepção deste procedimento como direito de "eleição" ou de "pré-eleição" é secundária. Este conceito moderno deve ser inteiramente descartado. Com efeito, de acordo com a ideia originária não se trata de uma "votação" referente a candidatos elegíveis entre os quais se dê uma eleição livre, mas da comprovação e do reconhecimento do senhor "*certo*", daquele qualificado carismaticamente e chamado a assumir a sucessão. Uma eleição "errônea" constituía, por conseguinte, uma injustiça a ser expiada. O postulado propriamente dito era: tinha que ser possível conseguir unanimidade, já que o contrário comportava erro e debilidade. Em todo caso, a crença já não era diretamente na pessoa como tal, mas no senhor "correta e validamente designado" (e eventualmente entronizado) ou instaurado de alguma forma no poder, como um objeto de posse;

3) por "*carisma hereditário*", na ideia de que a qualificação carismática está no sangue. O pensamento, óbvio em si, é o primeiro de um "direito de sucessão" no domínio. Este pensamento somente se impôs no Ocidente na Idade Média. Frequentemente o carisma está ligado à família, e o novo portador efetivo tem de primeiro ser determinado especialmente, segundo uma das regras e métodos mencionados sob os números 1 a 3. Onde quer que existam regras fixas com relação à pessoa, estas não são uniformes. Somente no Ocidente medieval e no Japão foi imposto sem exceção e de modo unívoco o "direito hereditário de primogenitura", com considerável reforço da dominação correspondente, já que todas as demais formas suscitavam conflitos. A crença não é então diretamente na pessoa como tal, mas no herdeiro "legítimo" da dinastia. O caráter puramente atual e extracotidiano do carisma transforma-se numa via acentuadamente tradicional e também o conceito de "graça divina" modifica-se completamente em seu sentido (ou seja, senhor por pleno direito próprio e não em virtude de carisma *pessoal* reconhecido pelos súditos). A pretensão do domínio é neste caso *inteiramente* independente das qualidades pessoais;

4) por objetivação ritual do carisma, ou seja, na crença de que se trata de uma qualidade mágica transferível ou suscetível de ser produzida mediante uma determinada espécie de hierurgia [ação sacerdotal]: unção, imposição

de mãos ou outros atos sacramentais. Então a crença já não está ligada à pessoa portadora do carisma – de cujas qualidades a pretensão de domínio é antes absolutamente independente, como aparece de forma especialmente clara no princípio católico do "caráter indelével" do sacerdote – mas à eficácia do ato sacramental em questão;

5) o princípio carismático de legitimidade, interpretado conforme seu significado primário em sentido autoritário, pode ser reinterpretado de forma antiautoritária. A validade efetiva da dominação carismática baseia-se no reconhecimento da pessoa concreta como carismaticamente qualificada e acreditada por parte dos súditos. Conforme a concepção genuína do carisma, este reconhecimento é *devido* ao pretendente legítimo, enquanto qualificado. Esta relação, todavia, pode facilmente ser interpretada, por desvio, no sentido de que o reconhecimento, livre por parte dos súditos, seja por sua vez a suposição da legitimidade e seu fundamento (legitimidade democrática). Nestas condições, o reconhecimento converte-se em "eleição", e o senhor, legitimado em virtude do próprio carisma, converte-se em detentor de poder por graça dos súditos e em virtude de mandato. Tanto a designação pelo séquito como a aclamação pela comunidade (militar ou religiosa), como o plebiscito adotaram frequentemente na história o caráter de uma eleição efetuada por votação, convertendo deste modo o senhor, escolhido em virtude de suas pretensões carismáticas, num *funcionário* eleito pelos súditos conforme sua vontade livre.

E de forma análoga converte-se facilmente o princípio carismático, segundo o qual uma ordem jurídica carismática deve ser anunciada à comunidade (de defesa ou religiosa) e ser *reconhecida* por esta, de modo que a possibilidade de que concorram ordens diversas e opostas possa ser decidida por meios carismáticos e, em última instância, pela adesão da comunidade à ordenação *correta*, na representação – *legal* – segundo a qual os súditos decidem livremente mediante manifestação da sua vontade sobre o direito que prevalecerá, sendo o cômputo das vozes o meio legítimo para isso (princípio majoritário).

A diferença entre um *líder* eleito e um funcionário eleito já não passa, nessas condições, do sentido que o próprio eleito dê à sua atitude e – conforme suas qualidades pessoais – tenha condições para imprimir ao quadro administrativo e aos súditos. O funcionário comportar-se-á em tudo como mandatário do seu senhor – aqui, pois, dos eleitores – e o líder, diversamente, agirá como responsável exclusivamente perante si próprio. Ou seja, enquanto aspire com êxito à confiança daqueles, agirá estritamente segundo seu próprio arbítrio (*democracia de caudilho*) e não como funcionário, consoante a vontade, expressa ou suposta (num "mandato imperativo"), dos eleitores.

QUESTÕES E TEMAS PARA DISCUSSÃO

1. Discuta opiniões de senso comum a respeito da diferença entre ciências sociais e ciências da natureza.
2. No que os "tipos ideais" de Weber se diferenciam de simples "estereótipos"?
3. Identifique exemplos, na história do Brasil, de carisma político ou religioso.

LEITURAS SUGERIDAS

Kalberg, Stephen. *Max Weber: uma introdução*. Rio de Janeiro, Zahar, 2010.

Schutz, Alfred. *Sobre fenomenologia e relações sociais*. Petrópolis, Vozes, 2012.

Weber, Max. *A "objetividade" do conhecimento nas ciências sociais,* Col. Ensaios Comentados. São Paulo, Ática, 2006.

_____. *A ética protestante e o "espírito" do capitalismo*. São Paulo, Companhia das Letras, 2004.

5. A gênese da sociedade ocidental moderna segundo Elias

Norbert Elias (1897-1990), sociólogo alemão de família judaica, teve que fugir em 1933 da Alemanha nazista, tendo passado a maior parte de sua carreira acadêmica na Inglaterra. É autor de uma vasta obra, que dá atenção especial à gênese e aos processos de transformação histórica da sociedade ocidental.

No texto deste capítulo, selecionado de *O processo civilizador* (1939), Elias analisa a noção de *civilité* (civilidade), predecessora do conceito de *civilização*, destacando o *processo histórico* que levou de uma à outra. A importância de se compreender a *transformação* ocorrida em uma "mesma" sociedade está no fato de que nos permite tomar consciência de fenômenos que, de outra forma, correríamos o risco de tomar como "a-históricos" ou "naturais".

Ao fazer uma sociologia histórica da sociedade ocidental, Elias demonstra a transformação dos padrões de comportamento e da expressão de sensibilidades e emoções. O exemplo que toma é o livro do grande humanista Erasmo de Roterdam, *De civilitate morum puerilium* [Da civilidade em crianças], de 1530. Elias destaca o sentimento de surpresa que muitos de seus preceitos assumem perante nossos olhos "civilizados" de hoje. A surpresa de encontrarmos, em séculos anteriores, comportamentos tidos como "incivilizados" leva à percepção de que ocorreu um *processo civilizador*.

Papel fundamental nesse processo civilizador foi desempenhado por sentimentos de vergonha, nojo, delicadeza, desagrado e medo, que são socialmente instilados. A fronteira do embaraço e da vergonha foi se movendo lentamente – foi sendo *cultivada*. Não se trata de um processo simplesmente de "evolução", pois não há uma única maneira, melhor que as outras, de comportar-se. Explicações supostamente "científicas", relacionadas, por exemplo, a ideias de higiene, foram *posteriores* a esses desenvolvimentos, e não sua causa.

O processo "civilizador" da sociedade ocidental levou a uma crescente divisão entre as esferas íntima e pública dos indivíduos, com comportamentos e hábitos correspondentes. Essa divisão tornou-se tão naturalizada que mal é percebida por nossa consciência, tal o grau de autocontrole que passamos a ter. A sociologia nos oferece, como demonstra o texto de Elias, um caminho para a compreensão da "sociogênese" de nossa realidade.

O PROCESSO CIVILIZADOR: O DESENVOLVIMENTO DO CONCEITO DE *CIVILITÉ*

Norbert Elias

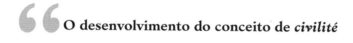 **O desenvolvimento do conceito de *civilité***

1. A antítese fundamental que expressa a autoimagem do Ocidente na Idade Média opõe cristianismo a paganismo ou, para ser mais exato, o cristianismo correto, romano-latino, por um lado, e o paganismo e a heresia, incluindo o cristianismo grego e oriental, por outro.

Em nome da Cruz e mais tarde da civilização, a sociedade do Ocidente empenha-se, durante a Idade Média, em guerras de colonização e expansão. E a despeito de toda a sua secularização, o lema "civilização" conserva sempre um eco da Cristandade Latina e das Cruzadas de cavaleiros e senhores feudais. A lembrança de que a cavalaria e a fé romano-latina representam uma fase peculiar da sociedade ocidental, um estágio pelo qual passaram todos os grandes povos do Ocidente, certamente não desapareceu.

O conceito de *civilité* adquiriu significado para o mundo Ocidental numa época em que a sociedade cavaleiresca e a unidade da Igreja católica se esboroavam. É a encarnação de uma sociedade que, como estágio específico da formação dos costumes ocidentais, ou "civilização", não foi menos importante do que a sociedade feudal que a precedeu. O conceito de *civilité*, também, constitui expressão e símbolo de uma formação social que enfeixava as mais variadas nacionalidades, na qual, como na Igreja, uma língua comum é falada, inicialmente o italiano e, em seguida, cada vez mais, o francês. Essas línguas assumem a função antes desempenhada pelo latim. Traduzem a unidade da Europa e, simultaneamente, a nova formação social que lhe fornece a espinha dorsal, a sociedade de corte. A situação, a autoimagem e as características dessa sociedade encontram expressão no conceito de *civilité*.

2. Este conceito recebeu seu cunho e função específicos aqui discutidos no segundo quartel do século XVI. Seu ponto de partida individual pode ser determinado com exatidão. Deve ele o significado específico adotado pela sociedade a um curto tratado de autoria de Erasmo de Rotterdam, *De civilitate morum puerilium* [*Da civilidade em crianças*], que veio à luz em 1530. Esta obra evidentemente tratava de um tema que estava maduro para discussão. Teve imediatamente uma imensa circulação, passando por sucessivas edições. Ainda durante a vida de Erasmo – isto é, nos primeiros seis anos após a publicação – teve mais de trinta reedições. No conjunto, houve mais de 130 edições, treze das quais em data tão recente como o século XVIII. Praticamente não tem limites o número de traduções, imitações e sequências. Dois anos após a publicação do tratado, apareceu sua primeira tradução inglesa. Em 1534, veio a lume sob a forma de catecismo, e nesta ocasião já era adotado como livro-texto para educação de meninos. Seguiram-se traduções para o alemão e o tcheco. Em 1537, 1559, 1569 e 1613 apareceu em francês, com novas traduções todas as vezes.

Já no século XVI, um tipo particular de família de caracteres tipográficos francês recebeu o nome *civilité*, tirado da obra de Mathurin Cordier, um francês que combinava doutrinas colhidas no tratado de Erasmo com as de outro humanista, Johannes Sulpicius. E um grupo inteiro de livros, direta ou indiretamente influenciados pelo tratado de Erasmo, surgiu sob o título *Civilité* ou *Civilité puérile*. E foram impressos até fins do século XVIII nessa família de caracteres tipográficos *civilité*.

3. Neste particular, como ocorre com tanta frequência na história das palavras, e aconteceria mais tarde na evolução do conceito de *civilité* para *civilisation*, um indivíduo serviu como instigador. Com seu tratado, Erasmo deu nova nitidez e força a uma palavra muito antiga e comum, *civilitas*. Intencionalmente ou não, ele obviamente expressou na palavra algo que atendia a uma necessidade social da época. O conceito *civilitas*, daí em diante, ficou gravado na consciência do povo com o sentido especial que recebeu no tratado de Erasmo. Palavras correspondentes surgiram em várias línguas: a francesa *civilité*, a inglesa *civility*, a italiana *civiltà* e a alemã *Zivilität*, que reconhecidamente nunca alcançou a mesma extensão que as palavras correspondentes nas outras grandes culturas.

O aparecimento mais ou menos súbito de palavras em línguas quase sempre indica mudanças na vida do próprio povo, sobretudo quando os novos conceitos estão destinados a se tornarem fundamentais e de longa duração como esses.

O próprio Erasmo talvez não tenha atribuído, no conjunto total de sua *oeuvre*, qualquer importância especial ao seu curto tratado *De civilitate morum puerilium*. Diz ele na introdução que a arte de educar jovens envolve várias disciplinas, mas que a *civilitas morum* é apenas uma delas, e não nega que ela é *crassissima philosophiae pars* (a parte mais grosseira da filosofia). Este tratado reveste-se de uma importância especial menos como fenômeno ou obra isolada do que como sintoma de mudança, uma concretização de processos sociais. Acima de tudo, é a sua ressonância, a elevação da palavra-título à condição de expressão fundamental de autointerpretação da sociedade europeia, que nos chama a atenção para o tratado.

4. O que aborda o tratado? Seu tema deve nos explicar para que fim e em que sentido era necessário o novo conceito. Deve conter indicações das mudanças e processos sociais que puseram a palavra em moda.

O livro de Erasmo trata de um assunto muito simples: o comportamento de pessoas em sociedade – e acima de tudo, embora não exclusivamente, "do decoro corporal externo". É dedicado a um menino nobre, filho de príncipe, e escrito para a educação de crianças. Contém reflexões simples, enunciadas com grande seriedade, embora, ao mesmo tempo, com muita zombaria e ironia, tudo isso em linguagem clara e polida e com invejável precisão. Pode-se dizer que nenhum de seus sucessores jamais igualou esse tratado em força, clareza e caráter pessoal. Examinando-o mais detidamente, percebemos por trás dele um mundo e um estilo de vida que, em muitos aspectos, para sermos exatos, assemelha-se muito ao nosso, embora seja ainda bem remoto em outros. O tratado fala de atitudes que perdemos, que alguns de nós chamaríamos talvez de "bárbaras" ou "incivilizadas". Fala de muitas coisas que desde então se tornaram impublicáveis e de muitas outras que hoje são aceitas como naturais.

Erasmo fala, por exemplo, da maneira como as pessoas olham. Embora seus comentários tenham por intenção instruir, confirmam também a observação direta e viva de que ele era capaz. "Sint oculi placidi, verecundi, compositi", diz ele, "non torvi, quod est truculentiae non vagiac volubiles, quod est insaniae, non limi quot est suspiciosorum et insidias moletium." É difícil traduzir isto sem uma grande alteração de tom: o olhar esbugalhado é sinal de estupidez; o olhar fixo, sinal de inércia; o olhar dos que têm inclinação para a ira é cortante demais; é vivo e eloquente o dos impudicos; se seu olhar demonstra uma mente plácida e afabilidade respeitosa, isto é o melhor. Não é por acaso que os antigos dizem: os olhos são o espelho da alma. "Animi sedem esse in oculis."

A postura, os gestos, o vestuário, as expressões faciais – este comportamento "externo" de que cuida o tratado é a manifestação do homem interior, inteiro. Erasmo sabe disso e, vez por outra, o declara explicitamente: "Embora este decoro corporal externo proceda de uma mente bem-constituída não obstante descobrimos às vezes que, por falta de instrução, essa graça falta em homens excelentes e cultos."

Não deve haver meleca nas narinas, diz ele mais adiante. O camponês enxuga o nariz no boné ou no casaco e o fabricante de salsichas no braço ou no cotovelo. Ninguém demonstra decoro usando a mão e, em seguida, enxugando-a na roupa. É mais decente pegar o catarro em um pano, preferivelmente se afastando dos circunstantes. Se, quando o indivíduo se assoa com dois dedos, alguma coisa cai no chão, ele deve pisá-la imediatamente com o pé. O mesmo se aplica ao escarro.

Com o mesmo infinito cuidado e naturalidade com que essas coisas são ditas – a mera menção das quais choca o homem "civilizado" de um estágio posterior, mas de diferente formação afetiva – somos ensinados a como sentar ou cumprimentar alguém. São descritos gestos que se tornaram estranhos para nós, como, por exemplo, ficar de pé sobre uma perna só. E bem que caberia pensar que muitos dos movimentos estranhos de caminhantes e dançarinos que vemos em pinturas ou estátuas medievais não representam apenas o "jeito" do pintor ou escultor, mas preservam também gestos e movimentos reais que se tornaram estranhos para nós, materializações de uma estrutura mental e emocional diferente.

Quanto mais estudamos o pequeno tratado, mais claro se torna o quadro de uma sociedade com modos de comportamento em alguns aspectos semelhantes aos nossos e também, de muitas maneiras, distantes. Vemos, por exemplo, pessoas sentadas à mesa: "A dextris sit poculum, et cultellus escarius rite purgatus, ad laevam panis", diz Erasmo. O copo de pé e a faca bem limpa à direita, e, à esquerda, o pão. Assim é como deve ser posta a mesa. A maioria das pessoas porta uma faca e daí o preceito de mantê-la limpa. Praticamente não existem garfos e quando os há são para tirar carne de uma travessa. Facas e colheres são com frequência usadas em comum. Nem sempre há talheres especiais para todos: se lhe oferecem alguma coisa líquida, diz Erasmo, prove-a e, em seguida, devolva a colher depois de tê-la secado.

Quando são trazidos pratos de carne, geralmente cada pessoa corta seu pedaço, pega-o com a mão e coloca-o nos pratos, se os houver, ou na falta deles sobre uma grossa fatia de pão. A palavra *quadra* usada por Erasmo pode significar claramente ou prato de metal ou fatia de pão.

"Quidam ubi vix bene considerint mox manus in epulas conjiciunt." Algumas pessoas metem as mãos nas travessas mal se sentam, diz Erasmo. Lobos e glutões fazem isso. Não seja o primeiro a servir-se da travessa que é trazida à mesa. Deixe para camponeses enfiar os dedos no caldo. Não cutuque em volta da travessa mas pegue o primeiro pedaço que se apresentar. E da mesma maneira que demonstra falta de educação cutucar todo o prato com a mão – "in omnes platinae plagas manum mittere" – tampouco é polido girar o prato de servir para pegar a melhor porção. O que não pode pegar com as mãos pegue com a *quadra*. Se alguém lhe passa um pedaço de bolo ou torta com uma colher, pegue-o ou com sua *quadra* ou pegue a colher oferecida, ponha o alimento na *quadra* e devolva a colher.

Conforme já mencionado, os pratos são também raros. Quadros mostrando cenas de mesa dessa época ou anterior sempre retratam o mesmo espetáculo, estranho para nós, que é indicado no tratado de Erasmo. A mesa é às vezes forrada com ricos tecidos, às vezes não, mas sempre são poucas as coisas que nela há: recipientes para beber, saleiro, facas, colheres e só. Às vezes, vemos fatias de pão, as *quadrae*, que em francês são chamadas de *tranchoir* ou *tailloir*. Todos, do rei e da rainha ao camponês e sua mulher, comem com as mãos. Na classe alta há maneiras mais refinadas de fazer isso. Deve-se lavar as mãos antes de uma refeição, diz Erasmo. Mas não há ainda sabonete para esse fim. Geralmente, o conviva estende as mãos e o pajem derrama água sobre elas. A água é às vezes levemente perfumada com camomila ou rosmaninho. Na boa sociedade, ninguém põe ambas as mãos na travessa. É mais refinado usar apenas três dedos de uma das mãos. Este é um dos sinais de distinção que separa a classe alta da baixa.

Os dedos ficam engordurados. "Digitos unctos vel ore praelingere vel ad tunicam extergere incivile est", diz Erasmo. Não é polido lambê-los ou enxugá-los no casaco. Frequentemente se oferece aos outros o copo ou todos bebem na caneca comum. Mas Erasmo adverte: "Enxugue a boca antes." Você talvez queira oferecer a alguém de quem gosta a carne que está comendo. "Evite isso", diz Erasmo. "Não é muito decoroso oferecer a alguém alguma coisa semimastigada." E acrescenta: "Mergulhar no molho o pão que mordeu é comportar-se como um camponês e demonstra pouca elegância retirar da boca a comida mastigada e recolocá-la na *quadra*. Se não consegue engolir o alimento, vire-se discretamente e cuspa-o em algum lugar."

E repete: "É bom se a conversa interrompe ocasionalmente a refeição. Algumas pessoas comem e bebem sem parar, não porque estejam com fome ou sede, mas porque de outra maneira não podem controlar seus movimentos. Têm que coçar a cabeça, esgaravatar os dentes, gesticular com as mãos, brincar com a faca, ou não podem deixar de tossir, fungar e cuspir. Tudo isto realmente tem origem no embaraço do rústico e parece uma forma de loucura."

Mas é também necessário e possível a Erasmo dizer: não exponha sem necessidade "as partes a que a Natureza conferiu pudor". Alguns recomendam, diz ele, que os meninos devem "reter os ventos, comprimindo a barriga. Mas dessa maneira pode-se contrair uma doença". E em outro trecho: "Reprimere sonitum, quem natura fert, ineptorum est, qui plus tribuunt civilitati, quam saluti" (Os tolos que valorizam mais a civilidade do que a saúde reprimem sons naturais). Não tenha receio de vomitar, se a isto for obrigado, "pois não é vomitar mas reter o vômito na garganta que é torpe".

5. Com grande cuidado, Erasmo delimita em seu tratado toda a faixa de conduta humana, as principais situações da vida social e de convívio. Com a mesma naturalidade fala das questões mais elementares e sutis das relações

humanas. No primeiro capítulo, trata das "condições decorosa e indecorosa de todo o corpo", no segundo, da "cultura corporal", no terceiro, de "maneiras nos lugares sagrados", no quarto, em banquetes, no quinto, em reuniões, no sexto, nos divertimentos e, no sétimo, no quarto de dormir. Na discussão dessa faixa de questões Erasmo deu um novo impulso ao conceito de *civilitas*.

Nem sempre pode nossa consciência, sem hesitação, recordar essa outra fase de nossa própria história. Perdeu-se para nós a franqueza despreocupada com que Erasmo e seu tempo podiam discutir todas as áreas da conduta humana. Grande parte do que ele diz ultrapassa nosso patamar de delicadeza.

Mas este é precisamente um dos problemas que nos propomos a estudar aqui. Rastreando a transformação de conceitos através dos quais diferentes sociedades procuraram se expressar, recuando do conceito de civilização para seu ancestral *civilité*, descobrimo-nos de repente na pista do próprio processo civilizador, da mudança concreta no comportamento que ocorreu no Ocidente. E um dos sintomas do processo civilizador é ser embaraçoso para nós falar ou mesmo ouvir muito do que Erasmo diz. O maior ou menor desconforto que sentimos com pessoas que discutem ou mencionam suas funções corporais mais abertamente, que ocultam ou restringem essas funções menos que nós, é um dos sentimentos dominantes no juízo de valor "bárbaro" ou "incivilizado". Tal, então, é a natureza do "mal-estar" que nos causa a "incivilização"* ou, em termos mais precisos e menos valorativos, o mal-estar ante uma diferente estrutura de emoções, o diferente padrão de repugnância ainda hoje encontrado em numerosas sociedades que chamamos de "não civilizadas", o padrão de repugnância que precedeu o nosso e é sua precondição. Surge então a questão de saber como e por que a sociedade ocidental moveu-se realmente de um padrão para outro, como foi "civilizada". No estudo desse processo de civilização, não podemos deixar de sentir desconforto e embaraço. É bom estarmos conscientes dele. É necessário, pelo menos enquanto estudamos esse processo, tentar suspender todos os sentimentos de embaraço e superioridade, todos os juízos de valor e críticas associadas aos conceitos de "civilizado" ou "incivil". Nosso tipo de comportamento evoluiu daquilo que chamamos de incivil. Esses conceitos, porém, apreendem a mudança de forma excessivamente estática e grosseira. Na verdade, nossos termos "civilizado" e "incivil" não constituem uma antítese do tipo existente entre o "bem" e o "mal", mas representam, sim, fases em um desenvolvimento que, além do mais, ainda continua. É bem possível que nosso estágio de civilização, nosso comportamento, venham despertar em nossos descendentes um embaraço semelhante ao que, às vezes, sentimos ante o comportamento de nossos

---

* No original, como na tradução, há um trocadilho com a obra de Freud que em português é conhecida como *Mal-estar na civilização*. (N.R.)

ancestrais. O comportamento social e a expressão de emoções passaram de uma forma e padrão que não eram um ponto de partida, que não podiam em sentido absoluto e indiferenciado ser designados de "incivil", para o nosso, que denotamos com a palavra "civilizado". E para compreender este último temos que recuar no tempo até aquilo de onde emergiu. A "civilização" que estamos acostumados a considerar como uma posse que aparentemente nos chega pronta e acabada, sem que perguntemos como viemos a possuí-la, é um processo ou parte de um processo em que nós mesmos estamos envolvidos. Todas as características distintivas que lhe atribuímos – a existência de maquinaria, descobertas científicas, formas de Estado, ou o que quer que seja – atestam a existência de uma estrutura particular de relações humanas, de uma estrutura social peculiar, e de correspondentes formas de comportamento. Resta saber se a mudança em comportamento, no processo social da "civilização" do homem, pode ser compreendida, pelo menos em fases isoladas e em seus aspectos elementares, com qualquer grau de precisão."

QUESTÕES E TEMAS PARA DISCUSSÃO

1. Ver como, na infância, somos hoje submetidos a um "processo civilizador" acelerado que corresponde à "sociogênese" de nossa civilização. Para Elias, o indivíduo passa por alguns dos processos que a sociedade ocidental experimentou ao longo de sua história.
2. Imagine, diante da leitura que fazemos do manual de Erasmo, que nossos descendentes, daqui a duzentos ou trezentos anos, olharão para nós com surpresa ou horror em relação a alguns de nossos hábitos, semelhante ao que sentimos em relação a nossos ancestrais.

LEITURAS SUGERIDAS

Elias, Norbert. *O processo civilizador: uma história dos costumes*. Rio de Janeiro, Zahar, vol.1, 2ª ed., 2011.
____. *Norbert Elias por ele mesmo*. Rio de Janeiro, Zahar, 2001.
____. *A sociedade de corte*. Rio de Janeiro, Zahar, 2001.
____. *Mozart: sociologia de um gênio*. Rio de Janeiro, Zahar, 1995.

6. Indivíduo, pessoa e biografia: a sociologia da vida cotidiana, por Erving Goffman

O sociólogo canadense Erving Goffman (1922-1982) destacou-se por seus estudos sobre a vida cotidiana, em particular sobre os processos de interação simbólica que estruturam a identidade dos indivíduos. Esse tema esteve presente em livros como *A representação do eu na vida cotidiana* (1956), *Manicômios, conventos e prisões* (1961), *Estigma* (1963), *Rituais de interação* (1967) e *Os quadros da experiência social* (1974).

Uma das principais contribuições de Goffman foi o estudo das interações sociais face a face, valendo-se de uma metáfora teatral – como se os indivíduos fossem atores desempenhando papéis diante de outros atores e do público, em cenários e espaços sociais diferenciados (como o palco, os bastidores e a plateia). O *eu* (*self*, em inglês) de cada um seria resultante do processo de interações das quais participamos, das "máscaras" sociais que usamos.

O trecho a seguir foi retirado de *Estigma: notas sobre a manipulação da identidade deteriorada*, livro no qual Goffman analisa as formas pelas quais indivíduos estigmatizados (isto é, portadores de alguma característica física ou moral considerada negativa pela sociedade na qual estão inseridos) tentam controlar ou manipular a informação disponível sobre si.

O entrelaçamento entre identidade pessoal e identidade social consiste, para Goffman, naquilo que entendemos por *biografia* do indivíduo – resultado precário das múltiplas relações sociais de que participa e da informação disponível a seu respeito, sempre desigualmente distribuída.

BIOGRAFIA E IDENTIDADE SOCIAL

Erving Goffman

 **Biografia**

Quer a linha biográfica de um indivíduo esteja registrada nas mentes de seus amigos íntimos ou nos arquivos de pessoal de uma organização, e quer ele porte a documentação sobre sua identidade pessoal ou esta documentação esteja armazenada em arquivos, ele é uma entidade sobre a qual se pode estruturar uma história – há um caderno à sua espera pronto para ser preenchido. Ele é, certamente, um objeto para biografia.

Embora a biografia tenha sido empregada por cientistas sociais, sobretudo sob a forma de uma história de vida profissional, pouca atenção foi dispensada às propriedades gerais do conceito, exceto para observar que as biografias estão muito sujeitas à construção retrospectiva. O papel social como um conceito e um elemento formal da organização social foi amplamente examinado, o que não ocorreu com a biografia.

O primeiro ponto a ser considerado no que se refere a biografias é que assumimos que um indivíduo só pode, realmente, ter uma, o que é garantido muito mais pelas leis da física do que da sociedade. Entende-se que tudo o que alguém fez e pode, realmente, fazer, é passível de ser incluído em sua biografia, como ilustra o tema relativo a Jekyll e Hyde, mesmo que tenhamos que contratar os serviços de um especialista em biografias ou um detetive particular, para completar os fatos que estão faltando e fazer as relações entre os que já foram descobertos. Por mais patife que seja um homem, por mais falsa, clandestina ou desarticulada que seja a sua existência, por mais que esta seja governada por adaptações, impulsos e reviravoltas, os verdadeiros fatos de sua atividade não podem ser contraditórios ou desarticulados. Note-se que essa unicidade inclusiva da linha de vida está em flagrante contraste com a multiplicidade de "eus" que se descobrem no indivíduo ao encará-lo sob a perspectiva do papel social onde, no caso de a segregação entre papel e audiência estar bem manipulada, ele poderá sustentar com bastante facilidade egos bem diversos e, até certo ponto, pretender que não é mais algo que já foi.

Dadas essas pressuposições sobre a natureza da identidade pessoal, surge um fator que será relevante para este relatório: grau de "conexão informacional". Considerando os fatos sociais importantes sobre uma pessoa, o tipo de fatos relatados em seu necrológio, qual o grau de proximidade ou distância que há entre dois fatos quaisquer, se medido pela frequência com a qual aqueles que conhecem um dos fatos podem também conhecer o outro? Falando de maneira mais geral, dado o número de importantes fatos sociais sobre o indivíduo, em que medida aqueles que conhecem alguns deles conhecem muitos?

A falsa informação social deve ser diferençada da falsa informação pessoal. Um homem de negócios da classe média alta que sai por um fim de semana de seu local de trabalho vestido com roupas de uma classe inferior à sua e que escolhe um local de veraneio barato está se representando falsamente no que se refere à informação social; quando ele se registra num motel com o nome de Mr. Smith, ele está se apresentando falsamente no segundo sentido. E quer esteja envolvida a identidade social ou a identidade pessoal, pode-se diferençar a representação que tem como objetivo provar que uma pessoa é o que não é, da representação que objetiva provar que uma pessoa não é o que é.

Em geral, as normas relativas à identidade social, como já ficou implícito, referem-se aos tipos de repertórios de papéis ou perfis que consideramos que qualquer indivíduo pode sustentar – "personalidade social", como costumava dizer Lloyd Warner. Não esperamos que um jogador de bilhar seja nem uma mulher nem um classicista, mas não ficamos surpresos nem embaraçados pelo fato de que ele seja um operário italiano ou um negro urbano. Normas relativas à identidade *pessoal*, entretanto, pertencem não a esferas de combinações permissíveis de fatos sociais mas ao tipo de controle de informação que o indivíduo pode exercer com propriedade. Para uma pessoa, ter tido o que se chama de um passado sombrio é uma questão relativa à sua identidade social; a maneira pela qual ela manipula a informação sobre esse passado é uma questão de identificação pessoal. A posse de um passado estranho (não estranho em si, é claro, mas estranho para alguém que pertence à identidade social presente do indivíduo) é um tipo de impropriedade; para o possuidor, viver toda uma vida diante daqueles que ignoram esse passado e não estão informados sobre ele pode ser um tipo muito diferente de impropriedade. A primeira refere-se a nossas regras relativas à identidade social, a segunda às regras relativas à identidade pessoal.

Aparentemente, nos círculos atuais de classe média, quanto mais um indivíduo se desvia, de uma maneira indesejável, do que na verdade se espera dele, mais obrigado fica a dar voluntariamente informações sobre si mesmo quando o preço que deve pagar por sua sinceridade possa ter crescido proporcionalmente. (Por outro lado, o encobrimento por parte de um indivíduo de algo que ele deveria ter revelado sobre si não nos dá o direito de lhe perguntar o tipo de questão que o forçara a divulgar os fatos ou a dizer, habilmente, uma mentira. Quando fazemos tal pergunta, o resultado é um duplo embaraço, nosso por termos sido sem tato, e dele pelo que ocultou.

Ele também pode sentir-se mal por nos ter colocado numa posição em que nos sentimos culpados por havê-lo embaraçado.) Nesse ponto, o direito à discrição parece ter sido ganho somente por não se ter nada a esconder. Parece também que com o objetivo de manipular a sua identidade pessoal será necessário que o indivíduo saiba a quem ele deve muita informação e a quem ele deve pouca – mesmo que em todos esses casos ele deva abster-se de contar uma mentira direta. Isso implica que também será necessário que ele tenha uma "memória", ou seja, nesse caso, uma avaliação precisa e imediata dos fatos de seu passado e de seu presente que ele deve dar aos demais.

Devemos agora considerar a relação entre a identificação pessoal e a identificação social, e proceder à elucidação de alguns de seus entrelaçamentos mais aparentes.

É evidente que para construir uma identificação pessoal de um indivíduo utilizamos aspectos de sua identidade social – junto com tudo o mais que possa estar associado a ele. É claro ainda que o fato de ser capaz de identificar pessoalmente um indivíduo nos dá um recurso de memória para organizar e consolidar a informação referente à sua identidade social –, um processo que pode alterar sutilmente o significado das características sociais que lhe imputamos.

Pode-se supor que a posse de um defeito secreto desacreditável adquire um significado mais profundo quando as pessoas para quem o indivíduo ainda não se revelou não são estranhas para ele, mas sim suas amigas. A descoberta prejudica não só a situação social corrente mas ainda as relações sociais estabelecidas; não apenas a imagem corrente que as outras pessoas têm dele mas também a que terão no futuro; não só as aparências, mas ainda a reputação. O estigma e o esforço para escondê-lo ou consertá-lo fixam-se como parte da identidade pessoal. Daí o crescente desejo de um comportamento inadequado quando se usa uma máscara, ou quando se está longe de casa; daí a vontade que algumas pessoas têm de publicar um material revelador de maneira anônima ou de aparecer publicamente diante de uma audiência privada, já que a suposição subjacente é de que o público em geral não estabelecerá uma relação entre eles e o que se tenha feito. Um exemplo instrutivo sobre este último ponto foi relatado recentemente e refere-se à Sociedade Mattachine, uma organização que se dedica a apresentar e melhorar a situação de homossexuais e que, como parte desta tarefa, publica um jornal. Aparentemente, uma sucursal de escritório num edifício comercial pode-se ocupar com esforços orientados para o público enquanto, por outro lado, os empregados se conduzem de tal forma que o resto dos inquilinos ignora o que se faz lá e quem o faz.

Os outros como biógrafos

A identidade pessoal, assim como a identidade social, estabelece uma separação, para o indivíduo, no mundo individual das outras pessoas. A divisão ocorre, em primeiro lugar, entre os que conhecem e os que não conhecem. Os que conhecem são aqueles que têm uma identificação pessoal do indivíduo; eles só precisam vê-lo ou ouvir o seu nome para trazer à cena essa informação. Os que não conhecem são aqueles para quem o indivíduo é um perfeito estranho, alguém cuja biografia pessoal não foi iniciada.

O indivíduo que é conhecido por outros pode ter ou não conhecimento desse fato; as pessoas que o conhecem, por sua vez, podem saber ou não que o indivíduo conhece ou ignora tal fato. Por outro lado, entretanto, embora acredite que os outros não o conhecem, ele nunca tem absoluta certeza disto. Além disso, sabendo que o conhecem, ele deve, pelo menos até certo ponto, conhecer algo sobre eles; mas em caso contrário poderá ou não conhecê-los em relação a outros aspectos.

Deixando de lado *quanto* se sabe ou se ignora, tudo isso é relevante, na medida em que o problema do indivíduo, no que se refere à manipulação de sua identidade pessoal e social, variará muito segundo o conhecimento ou desconhecimento que as pessoas em sua presença têm dele e, em caso positivo, segundo o seu próprio conhecimento do fato.

Quando um indivíduo está entre pessoas para as quais ele é um estranho completo e só é significativo em termos de sua identidade social aparente imediata, uma grande possibilidade com a qual ele deve se defrontar é de que essas pessoas comecem ou não a elaborar uma identificação pessoal para ele (pelo menos a recordação de tê-lo visto em certo contexto conduzindo-se de uma determinada forma) ou de que elas abstenham-se totalmente de organizar e estocar o conhecimento sobre ele em torno de uma identificação pessoal, sendo este último ponto uma característica da situação completamente anônima. Observe-se que, embora as ruas das grandes cidades forneçam situações anônimas para os que se comportam de maneira correta, essa anonimidade é biográfica; é difícil encontrar algo semelhante ao anonimato completo que se aplique à identidade social. Pode-se acrescentar que todas as vezes que um indivíduo entra numa organização ou numa comunidade, ocorre mudança marcada na estrutura do conhecimento sobre ele – sua distribuição e seu caráter – e, portanto, mudança nas contingências do controle de informação. Por exemplo, todo ex-doente mental deve encarar a situação de ter que cumprimentar, fora do hospital, alguém que conheceu lá dentro, dando margem a que uma terceira pessoa pergunte, "Quem era ele?". Talvez mais importante ainda seja o fato de ter que enfrentar o desconhecimento sobre o que as outras pessoas conhecem dele, isto é, pessoas que podem identificá-lo pessoalmente e que, sem que ele o saiba, saberão que ele "realmente" é um ex-doente mental.

Usando o termo *reconhecimento cognitivo* referir-me-ei ao ato perceptual de "colocar" um indivíduo ou como possuidor de uma identidade social particular ou de uma identidade pessoal particular. O reconhecimento de identidades sociais é uma conhecida função de porteiro que muitos servidores cumprem. É menos conhecido o fato de que o reconhecimento de identidades pessoais é uma função formal em algumas organizações. Em bancos, por exemplo, espera-se que os caixas adquiram esse tipo de capacidade em relação aos clientes. Nos círculos criminais ingleses há, aparentemente, uma ocupação chamada de "homem de esquina", cujo ocupante escolhe um posto na rua próxima à entrada de um negócio ilícito e, na medida em que conhece a identidade pessoal de quase todas as pessoas que passam, pode avisar a aproximação de alguém suspeito.

Dentro do círculo de pessoas que têm uma informação biográfica sobre alguém – que sabem coisas sobre ele – haverá um círculo menor daqueles que mantêm com ele um vínculo "social", quer superficial ou íntimo, e quer como igual ou não. Conforme dissemos, eles não só sabem "de" ou "sobre" ele, como também o conhecem "pessoalmente". Eles terão o direito e a obrigação de trocar um cumprimento, uma saudação e "bater um papo" com ele quando se encontram na mesma situação social, e isso constitui o *reconhecimento social*. É claro que haverá épocas em que um indivíduo estenderá o reconhecimento social a, ou o receberá de, outro que ele não conhece pessoalmente. De qualquer forma, deve ficar claro que o reconhecimento cognitivo é apenas um ato de percepção, enquanto o reconhecimento social é a parte desempenhada por um indivíduo numa cerimônia de comunicação.

A relação social ou o conhecimento pessoal é, necessariamente, recíproca, embora, é claro, uma ou mesmo ambas as pessoas que estão na relação possam temporariamente esquecer que são conhecidas, assim como uma delas ou mesmo ambas podem estar cônscias dessa relação mas ter esquecido, temporariamente, tudo sobre a identidade pessoal da outra.

Para o indivíduo que leva uma existência típica de aldeia, quer numa pequena ou numa grande cidade, haverá poucas pessoas que só o conhecem de nome; aqueles que sabem coisas sobre ele talvez o conheçam pessoalmente. De maneira contrastante, com o termo "fama", parece que nos referimos à possibilidade de que o círculo de pessoas que sabe coisas sobre um determinado indivíduo, em especial referentes a uma conquista ou posse desejada e rara, se torne muito amplo e, ao mesmo tempo, muito mais amplo do que o círculo daqueles que o conhecem pessoalmente.

O tratamento que é dispensado a alguém tendo como base a sua identidade social frequentemente é dado com deferência e indulgência adicionais a uma pessoa famosa em virtude da sua identidade pessoal. Como um residente de cidade pequena, ele sempre estará fazendo compras onde é conhecido. O simples fato de ser cognitivamente reconhecido em lugares públicos por estranhos também pode ser uma fonte de satisfação, como o sugere um jovem ator:

> Quando comecei a adquirir uma certa notoriedade e tinha dias em que me sentia deprimido, dizia a mim mesmo: "Bem, acho que vou dar uma volta e ser reconhecido."

Esse tipo de aclamação secundária e indiscriminada é, presumivelmente, um dos motivos pelos quais a fama é procurada e sugere também porque a fama, uma vez obtida, é escondida. A questão não é apenas o aborrecimento de ser perseguido por repórteres, caçadores de autógrafos e fãs, mas também o fato de que são cada vez mais numerosos os atos assimiláveis à biografia como acontecimentos dignos de atenção. Para uma pessoa famosa, "fugir" para um lugar onde ela possa "ser ela mesma" pode significar, talvez, encontrar uma comunidade onde não exista uma biografia sua; aqui, a sua conduta, refletida só em sua identidade social, pode, talvez, não interessar a ninguém. Inversamente, um dos aspectos de estar "comprometido" é conduzir-se de maneira destinada a controlar as implicações sobre a biografia, mas em áreas de vida que, em geral, não são criadoras de biografia.

Na vida cotidiana de uma pessoa média, haverá longos espaços de tempo nos quais ela será protagonista de acontecimentos que não têm interesse para ninguém e que serão uma parte técnica, mas não ativa, de sua biografia. Só um acidente pessoal sério ou o fato de testemunhar um assassinato criarão, durante esses períodos mortos, momentos que terão um lugar nas retrospectivas que ela e outras virão a fazer de seu passado. (Um "álibi", na verdade, é uma parte da biografia que é apresentada e que comumente não viria, em absoluto, a fazer parte da biografia ativa de alguém.) Por outro lado, celebridades que vieram a ter suas biografias extensamente documentadas, em especial os membros da realeza que se sabe que terão essa sorte desde o seu nascimento, descobrirão que, ao longo de sua vida, experimentaram poucos momentos mortos, ou seja, inativos do ponto de vista de sua biografia.

Ao se considerar a fama, pode ser útil e conveniente considerar a má reputação ou infâmia que surgem quando há um círculo de pessoas que têm um mau conceito do indivíduo sem conhecê-lo pessoalmente. A função óbvia da má reputação é a de controle social, do qual devem ser mencionadas duas possibilidades distintas:

A primeira delas é o controle social formal. Há funcionários e círculos de funcionários cuja ocupação é examinar com cuidado vários tipos de público em busca da presença de indivíduos identificáveis cujos antecedentes e reputação o tornaram suspeito, ou mesmo "procurado" pela justiça. Por exemplo, durante um estudo num hospital de doentes mentais, conheci um paciente que estava em "liberdade vigiada" e do qual havia informações de haver molestado muitas meninas. Sempre que ele entrava em qualquer cinema da localidade, o gerente o procurava com a lanterna acesa e o obrigava a retirar-se. Em resumo, ele tinha uma reputação muito ruim para poder ir aos cinemas próximos. Criminosos famosos também têm o mesmo problema, mas numa proporção muito maior do que aquela que gerentes de casas de espetáculo poderiam causar.

É aqui que lidamos com mais exemplos de ocupação de fazer identificações pessoais. Chefes de seções de venda em grandes lojas, por exemplo, algumas vezes têm extensas informações sobre a aparência de ladrões de loja profissionais em combinação com o apoio de identidade chamado *modus operandi*. A produção da identificação pessoal pode, de fato, ter uma oportunidade social própria, como nas investigações policiais. Dickens, ao descrever a mistura social de prisioneiros e visitantes numa cadeia da Inglaterra, nos dá outro exemplo, chamado "posando para retrato", por meio do qual um novo prisioneiro era obrigado a sentar numa cadeira enquanto os guardas se reuniam e o observavam, gravando a sua imagem em suas mentes com o objetivo de poder identificá-lo depois.

Funcionários cuja tarefa é controlar a possível presença de pessoas de má reputação podem operar no meio do público em geral em vez de atuar em estabelecimentos sociais particulares, como é o caso de detetives de polícia que se espalham por toda a cidade mas não constituem, em si mesmos, público. É-se levado a considerar um segundo tipo de controle social baseado na má reputação mas, que, dessa vez, tem características informais que envolvem o público em geral; e, nesse ponto, tanto a pessoa que tem boa reputação quanto a que tem má podem ser consideradas em posição muito semelhante.

É possível que o círculo daqueles que conhecem um indivíduo (mas que não são conhecidos por ele) inclua o público em geral e não apenas as pessoas cuja ocupação é fazer identificações. (Na verdade, os termos "fama" e "má reputação" implicam que a massa de cidadãos deve possuir uma imagem do indivíduo.) Não há dúvida de que os meios de comunicação de massa desempenham, aqui, um papel central, tornando possível que uma pessoa "privada" seja transformada em figura "pública".

Parece que a imagem pública de um indivíduo, ou seja, a sua imagem disponível para aqueles que não o conhecem pessoalmente, será, necessariamente, um tanto diversa da imagem que ele projeta através do trato direto com aqueles que o conhecem pessoalmente. Quando o indivíduo tem uma imagem pública, ela parece estar constituída a partir de uma pequena seleção de fatos sobre ele que podem ser verdadeiros e que se expandem até adquirir uma aparência dramática e digna de atenção, sendo, posteriormente, usados como um retrato global. Como consequência, pode ocorrer um tipo especial de estigmatização. A figura que o indivíduo apresenta na vida diária perante aqueles com quem ele tem relações habituais será, provavelmente, reduzida e estragada por demandas virtuais (quer favoráveis ou desfavoráveis), criadas por sua imagem pública. Isso parece ocorrer sobretudo quando não se está mais engajado em acontecimentos que mereçam atenção e deve encarar, em todos os lugares, o fato de ser recebido como alguém que não é mais o que era; parece ainda provável que ocorra isso quando a notoriedade é alcançada devido a um acontecimento acidental, rápido e não característico que expõe a pessoa à identificação pública sem lhe dar nenhum direito que compense os atributos desejados.

Uma das implicações dessas observações é que o indivíduo famoso e o de má reputação parecem ter muito mais coisas em comum entre si do que com o que os "maîtres" e colunistas sociais chamam de "joão-ninguém", porque quando uma multidão deseja mostrar amor ou ódio por alguém pode ocorrer um tipo semelhante de desorganização de seus movimentos habituais. (Esse tipo de falta de anonimidade deve ser contrastado com o que é baseado na identidade social, como no caso do indivíduo que tem uma deformidade física e que sente que está sendo constantemente observado.) Verdugos infames e atores famosos descobriram a conveniência de subir no trem na estação anterior ou de usar um disfarce; os indivíduos podem mesmo se descobrir utilizando estratagemas para fugir da atenção hostil do público, ardis que eles também empregaram em épocas anteriores de sua história para fugir de uma atenção aduladora. De qualquer forma, a informação prontamente disponível sobre a manipulação da identidade pessoal deve ser buscada nas biografias e autobiografias de pessoas famosas ou de má reputação.

Um indivíduo, portanto, pode ser considerado como o ponto central numa distribuição de pessoas que ou só o conhecem de nome ou o conhecem pessoalmente, podendo todas essas pessoas ter um conjunto um pouco diferente de informações sobre ele. Repito que embora o indivíduo, em seus contatos diários, seja rotineiramente posto em contato com outros que o conhecem diferentemente, essas diferenças em geral não serão incompatíveis; na verdade, algum tipo de estrutura biográfica única será mantido. A relação de um homem com o seu chefe e sua relação com seu filho podem ser radicalmente diversas, de tal forma que ele não poderá desempenhar com facilidade o papel de empregado ao mesmo tempo em que desempenha o papel de pai, mas se esse homem, quando passeia com o filho, encontra com o chefe, é possível haver um cumprimento e uma apresentação sem que nem a criança nem o chefe reorganizem a sua identificação pessoal do homem – tendo ambos conhecimento da existência e do papel do outro. A etiqueta da "apresentação da cortesia", de fato, assume que a pessoa com quem temos uma relação de papel tenha, de maneira adequada, com outros tipos de pessoas, outros tipos de relações. Dou por estabelecido, então, que os contatos aparentemente casuais da vida cotidiana podem, ainda assim, constituir algum tipo de estrutura que prende o indivíduo a uma biografia, e isso a despeito da multiplicidade de "eus" que o papel e a segregação de audiências lhe permitem. 🙵🙵

QUESTÕES E TEMAS PARA DISCUSSÃO

1. O anonimato do "mundo virtual" facilita a manipulação de informações pessoais, mais do que em situações de interação face a face. Como imagem pessoal e imagem pública se apresentam nas "redes sociais"? Quais as diferenças, a esse respeito, entre diferentes tipos de redes?
2. Discuta a relação entre biografia e "fama" (ou "má fama") e exposição pública. O que torna uma pessoa "famosa"?
3. Podemos construir, ao longo do tempo, diferentes narrativas autobiográficas, que se referem a acontecimentos, pessoas e lugares muitas vezes variáveis. Observe como essas narrativas podem mudar em função das pessoas para as quais as apresentamos ou do contexto em que são feitas (numa entrevista de trabalho, numa conversa entre amigos, na descrição de si em uma rede social etc.).

LEITURAS SUGERIDAS

Goffman, Erving. *Manicômios, prisões e conventos*. São Paulo, Perspectiva, 7ª ed., 2003.

_____. *Ritual de interação: ensaios sobre o comportamento face a face*. Petrópolis, Vozes, 2ª ed., 2011.

_____. *A representação do eu na vida cotidiana*. Petrópolis, Vozes, 13ª ed., 2006.

7. Regras sociais e comportamentos desviantes: a sociologia do desvio, por Howard S. Becker

Nascido em 1928, Howard S. Becker é um dos expoentes da sociologia norte-americana e, como Goffman, grande estudioso da interação social. Aplicou sua perspectiva sociológica ao estudo de diferentes "mundos sociais", resultantes do fato de que pessoas agem coletivamente com determinados fins, por mais que o grau de consenso e de cooperação presentes nessas relações varie muito, podendo inclusive ser conflituosos.

Ao analisar o mundo da arte, por exemplo, seu foco está menos nas obras de arte do que nas redes de cooperação que se criam entre diferentes indivíduos para a realização dessas obras. Uma nota biográfica interessante é que, antes de decidir-se pela carreira acadêmica, Becker atuou profissionalmente como pianista em grupos de jazz.

O texto seguinte, publicado originalmente em 1963, foi retirado do primeiro capítulo de *Outsiders*, palavra de difícil tradução em português, mas que se refere a pessoas que estão para além das fronteiras ou limites socialmente estabelecidos – em muitos casos, considerados "marginais" ou "desviantes". Seu objeto é a imposição e transgressão de regras que definem os tipos de comportamento considerados apropriados, especificando algumas ações como "certas" e outras como "erradas". Quando uma regra é imposta, quem as transgride é rotulado (*labeled*, em inglês) como um *outsider*.

A análise de Becker mostra como não há algo inerentemente transgressor nos atos e nas pessoas considerados "desviantes": o desvio, em sua perspectiva, é resultado da interação social entre grupos que buscam impor determinadas regras e aqueles que são por elas rotulados como "desviantes".

OUTSIDERS

Howard S. Becker

❝ Todos os grupos sociais fazem regras e tentam, em certos momentos e em algumas circunstâncias, impô-las. Regras sociais definem situações e tipos de comportamento a elas apropriados, especificando algumas ações como "certas" e proibindo outras como "erradas". Quando uma regra é imposta, a pessoa que presumivelmente a infringiu pode ser vista como um tipo especial, alguém de quem não se espera viver de acordo com as regras estipuladas pelo grupo. Essa pessoa é encarada como um outsider.

Mas a pessoa assim rotulada pode ter uma opinião diferente sobre a questão. Pode não aceitar a regra pela qual está sendo julgada e pode não encarar aqueles que a julgam competentes ou legitimamente autorizados a fazê-lo. Por conseguinte, emerge um segundo significado do termo: aquele que infringe a regra pode pensar que seus juízes são outsiders.

Tentarei a seguir elucidar a situação e o processo designados por esse termo ambíguo: a situação de transgressão da regra e de imposição da regra e os processos pelos quais algumas pessoas vêm a infringir regras, e outras a impô-las.

Cabe fazer algumas distinções preliminares. Há grande número de regras. Elas podem ser formalmente promulgadas na forma de lei, e, nesse caso, o poder de polícia do Estado será usado para impô-las. Em outros casos, representam acordos informais, recém-estabelecidos ou sedimentados com a sanção da idade e da tradição; regras desse tipo são impostas por sanções informais de vários tipos.

De maneira semelhante, quer uma regra tenha força de lei ou de tradição, quer seja simplesmente resultado de consenso, a tarefa de impingi-la pode ser o encargo de algum corpo especializado, como a polícia ou o comitê de ética de uma associação profissional; a imposição, por outro lado, pode ser uma tarefa de todos, ou pelo menos a tarefa de todos no grupo a que a regra se aplica.

Muitas regras não são impostas, e, exceto no sentido mais formal, não constituem o tipo de regra em que estou interessado. Exemplos disso são as leis que proíbem certas atividades aos domingos, que permanecem nos códigos legais, embora não sejam impostas há cem anos. (É importante lembrar, contudo, que é possível reativar uma lei não imposta por várias razões e recuperar toda a sua força original ...) Regras informais podem morrer de maneira semelhante por falta de imposição. Estou interessado sobretudo no que podemos chamar de regras operantes efetivas de grupos, aquelas mantidas vivas por meio de tentativas de imposição.

Finalmente, o grau em que uma pessoa é outsider, em qualquer dos dois sentidos que mencionei, varia caso a caso. Encaramos a pessoa que comete uma transgressão no trânsito ou bebe um pouco demais numa festa como se, afinal, não fosse muito diferente de nós, e tratamos sua infração com tolerância. Vemos o ladrão como menos semelhante a nós e o punimos severamente. Crimes como assassinato, estupro ou traição nos levam a ver o transgressor como um verdadeiro outsider.

Da mesma maneira, alguns dos que violam regras não pensam que foram injustamente julgados. Quem comete uma infração no trânsito geralmente aprova as próprias regras que infringiu. Alcoólatras são muitas vezes ambivalentes, por vezes sentindo que aqueles que os julgam não os compreendem, outras vezes concordando que a bebida compulsiva é maléfica. No extremo, alguns desviantes (homossexuais e viciados em drogas são bons exemplos) desenvolvem ideologias completas para explicar por que estão certos e por que os que os desaprovam e punem estão errados.

Definições de desvio

O outsider – aquele que se desvia das regras de grupo – foi objeto de muita especulação, teorização e estudo científico. O que os leigos querem saber sobre desviantes é: por que fazem isso? Como podemos explicar sua transgressão das regras? Que há neles que os leva a fazer coisas proibidas? A pesquisa científica tentou encontrar respostas para estas perguntas. Ao fazê-lo, aceitou a premissa de senso comum segundo a qual há algo inerentemente desviante (qualitativamente distinto) em atos que infringem (ou parecem infringir) regras sociais. Aceitou também o pressuposto de senso comum de que o ato desviante ocorre porque alguma característica da pessoa que o comete torna necessário ou inevitável que ela o cometa. Em geral os cientistas não questionam o rótulo "desviante" quando é aplicado a atos ou pessoas particulares, dando-o por certo. Quando o fazem, aceitam os valores do grupo que está formulando o julgamento.

Observa-se com facilidade que diferentes grupos consideram diferentes coisas desviantes. Isso deveria nos alertar para a possibilidade de que a pessoa que faz o julgamento de desvio e o processo pelo qual se chega ao julgamento e à situação em que ele é feito possam todos estar intimamente envolvidos no fenômeno. À medida que supõem que atos infratores de regras são inerentemente desviantes, e assim deixam de prestar atenção a situações e processos de julgamento, a visão de senso comum sobre o desvio e as teorias científicas que partem de suas premissas podem deixar de lado uma variável importante. Se os cientistas ignoram o caráter variável do processo de julgamento, talvez, com essa omissão, limitem os tipos de teorias que podem ser desenvolvidos e o tipo de compreensão que se pode alcançar.

Nosso primeiro problema, portanto, é construir uma definição de desvio. Antes disso, consideremos algumas das definições que os cientistas usam, atualmente, vendo o que é deixado de lado quando as tomamos como ponto de partida para o estudo dos outsiders.

A concepção mais simples de desvio é essencialmente estatística, definindo como desviante tudo que varia excessivamente com relação à média. Ao analisar os resultados de um experimento agrícola, um estatístico descreve o pé de milho excepcionalmente alto e o pé excepcionalmente baixo como desvios da média. De maneira semelhante, podemos descrever como desvio qualquer coisa que difere do que é mais comum. Nessa concepção, ser canhoto ou ruivo é desviante, porque a maioria das pessoas é destra e morena.

Assim formulada, a concepção estatística parece simplória, até trivial. No entanto, ela simplifica o problema pondo de lado muitas questões de valor que surgem usualmente em discussões sobre a natureza do desvio. Ao avaliar qualquer caso particular, basta-nos calcular a distância entre o comportamento envolvido e a média. Mas essa é uma solução simples demais. A procura com semelhante definição retorna com um resultado heterogêneo – pessoas excessivamente gordas ou magras, assassinas, ruivas, homossexuais e infratoras das regras de trânsito. A mistura contém pessoas comumente consideradas desviantes e outras que não infringiram absolutamente qualquer regra. A definição estatística de desvio, em suma, está longe demais da preocupação com a violação de regras que inspira o estudo científico dos outsiders.

Uma concepção menos simples, mas muito mais comum, de desvio o identifica como algo essencialmente patológico, revelando a presença de uma "doença". Essa concepção repousa, obviamente, numa analogia médica. Quando está funcionando de modo eficiente, sem experimentar nenhum desconforto, o organismo humano é considerado "saudável". Quando não funciona com eficiência, há doença. Diz-se que o órgão ou função em desajuste é patológico. Há, é claro, pouca discordância quanto ao que constitui um estado saudável do organismo. Há muito menos concordância, porém, quando se usa a noção de patologia, de maneira análoga, para descrever tipos de comportamento vistos como desviantes. Porque as pessoas não concordam quanto ao que constitui comportamento saudável. É difícil encontrar uma definição que satisfaça mesmo um grupo tão seleto e limitado como o dos psiquiatras; é impossível encontrar uma definição que as pessoas aceitem em geral, tal como aceitam critérios de saúde para o organismo.

Por vezes as pessoas concebem a analogia de maneira mais estrita, porque pensam no desvio como produto de doença mental. O comportamento de um homossexual ou de um viciado em drogas é visto como o sintoma de uma doença mental, tal como a difícil cicatrização dos machucados de um diabético é vista como um sintoma de sua doença. Mas a doença mental só se assemelha à doença física na metáfora... .

A metáfora médica limita o que podemos ver tanto quanto a concepção estatística. Ela aceita o julgamento leigo de algo como desviante e, pelo uso de analogia, situa sua fonte dentro do indivíduo, impedindo-nos assim de ver o próprio julgamento como parte decisiva do fenômeno.

Alguns sociólogos usam um modelo de desvio baseado essencialmente nas noções médicas de saúde e doença. Consideram a sociedade, ou uma parte de uma sociedade, e perguntam se há nela processos em curso que tendem a diminuir sua estabilidade, reduzindo assim sua chance de sobrevivência. Rotulam esses processos de desviantes ou os identificam como sintomas de desorganização social. Discriminam entre aqueles traços da sociedade que promovem estabilidade (e são portanto "funcionais") e os que rompem a estabilidade (e são portanto "disfuncionais"). Essa concepção tem a grande virtude de apontar para áreas de possível perturbação numa sociedade de que as pessoas poderiam não estar cientes.

É mais difícil na prática do que parece ser na teoria especificar o que é funcional e o que é disfuncional para uma sociedade ou um grupo social. A questão de qual é o objetivo ou meta (função) de um grupo – e, consequentemente, de que coisas vão ajudar ou atrapalhar a realização desse objetivo – é muitas vezes política. Facções dentro do grupo discordam e manobram para ter sua própria definição da função do grupo aceita. A função do grupo ou organização, portanto, é decidida no conflito político, não dada na natureza da organização. Se isso for verdade, é igualmente verdadeiro que as questões de quais regras devem ser impostas, que comportamentos vistos como desviantes e que pessoas rotuladas como outsiders devem também ser encarados como políticas. A concepção funcional do desvio, ao ignorar o aspecto político do fenômeno, limita nossa compreensão.

Outra concepção sociológica é mais relativística. Ela identifica o desvio como a falha em obedecer a regras do grupo. Depois que descrevemos as regras que um grupo impõe a seus membros, podemos dizer com alguma precisão se uma pessoa as violou ou não, sendo portanto, nesta concepção, desviante.

Essa concepção é mais próxima da minha, mas não dá peso suficiente às ambiguidades que surgem ao se decidir quais regras devem ser tomadas como o padrão de comparação com referência ao qual o comportamento é medido e julgado desviante. Uma sociedade tem muitos grupos, cada qual com seu próprio conjunto de regras, e as pessoas pertencem a muitos grupos ao mesmo tempo. Uma pessoa pode infringir as regras de um grupo pelo próprio fato de ater-se às regras de outro. Nesse caso, ela é desviante? Os proponentes dessa definição talvez objetem que, embora possa surgir ambiguidade em relação às regras peculiares de um ou outro grupo na sociedade, há algumas regras que são geralmente aceitas por todos, caso em que a dificuldade não surge. Esta, claro, é uma questão de fato, a ser resolvida por pesquisa empírica. Duvido que existam muitas dessas áreas de consenso e considero mais sensato usar uma definição que nos permita lidar com as situações ambíguas e com aquelas sem ambiguidade.

Desvio e as reações dos outros

A concepção sociológica que acabo de discutir define o desvio como a infração de alguma regra geralmente aceita. Ela passa então a perguntar quem infringe regras e a procurar os fatores nas personalidades e situações de vida dessas pessoas, e que poderiam explicar as infrações. Isso pressupõe que aqueles que infringiram uma regra constituem uma categoria homogênea porque cometeram o mesmo ato desviante.

Tal pressuposto parece-me ignorar o fato central acerca do desvio: ele é criado pela sociedade. Não digo isso no sentido em que é comumente compreendido, de que as causas do desvio estão localizadas na situação social do desviante ou em "fatores sociais" que incitam sua ação. Quero dizer, isto sim, que *grupos sociais criam desvio ao fazer as regras cuja infração constitui desvio*, e ao aplicar essas regras a pessoas particulares e rotulá-las como outsiders. Desse ponto de vista, o desvio *não* é uma qualidade do ato que a pessoa comete, mas uma consequência da aplicação por outros de regras e sanções a um "infrator". O desviante é alguém a quem esse rótulo foi aplicado com sucesso; o comportamento desviante é aquele que as pessoas rotulam como tal.

Como o desvio é, entre outras coisas, uma consequência das reações de outros ao ato de uma pessoa, os estudiosos do desvio não podem supor que estão lidando com uma categoria homogênea quando estudam pessoas rotuladas de desviantes. Isto é, não podem supor que essas pessoas cometeram realmente um ato desviante ou infringiram alguma regra, porque o processo de rotulação pode não ser infalível; algumas pessoas podem ser rotuladas de desviantes sem ter de fato infringido uma regra. Além disso, não podem supor que a categoria daqueles rotulados conterá todos os que realmente infringiram uma regra, porque muitos infratores podem escapar à detecção e assim deixar de ser incluídos na população de "desviantes" que estudam. À medida que a categoria carece de homogeneidade e deixa de incluir todos os casos que lhe pertencem, não é sensato esperar encontrar fatores comuns de personalidade ou situação de vida que expliquem o suposto desvio.

O que é, então, que pessoas rotuladas de desviantes têm em comum? No mínimo, elas partilham o rótulo e a experiência de serem rotuladas como desviantes. Começarei minha análise com esta similaridade básica e verei o desvio como o produto de uma transação que tem lugar entre algum grupo social e alguém que é visto por esse grupo como infrator de uma regra. Estarei menos interessado nas características pessoais e sociais dos desviantes que no processo pelo qual eles passam a ser considerados outsiders e suas reações a esse julgamento.

...

Se um ato é ou não desviante, portanto, depende de como outras pessoas reagem a ele. Uma pessoa pode cometer um incesto clânico e sofrer apenas com mexericos, contanto que ninguém faça uma acusação pública; mas será impelida à morte se a acusação for feita. O ponto é que a resposta das outras pessoas deve ser vista como problemática. O simples fato de uma pessoa ter cometido uma infração a uma regra não significa que os outros reagirão como se isso tivesse acontecido. (Inversamente, o simples fato de ela não ter violado uma regra não significa que não possa ser tratada, em algumas circunstâncias, como se o tivesse feito.)

O grau em que outras pessoas reagirão a um ato dado como desviante varia enormemente. Diversos tipos de variação parecem dignos de nota. Antes de mais nada, há variação ao longo do tempo. Uma pessoa que se considera praticante de certo ato "desviante" pode em um momento despertar reações muito mais lenientes do que em algum outro momento. A ocorrência de "campanhas" contra vários tipos de desvio ilustra isso claramente. Em diversos momentos, os agentes da lei podem decidir fazer um ataque em regra a algum tipo particular de desvio, como jogos de azar, vício em drogas ou homossexualidade. É obviamente muito mais perigoso envolver-se numa dessas atividades quando uma campanha está em curso que em qualquer outro momento. ...

O grau em que um ato será tratado como desviante depende também de quem o comete e de quem se sente prejudicado por ele. Regras tendem a ser aplicadas mais a algumas pessoas que a outras. Estudos da delinquência juvenil deixam isso muito claro. Meninos de áreas de classe média, quando detidos, não chegam tão longe no processo legal como os meninos de bairros miseráveis. O menino de classe média tem menos probabilidade, quando apanhado pela polícia, de ser levado à delegacia; menos probabilidade, quando levado à delegacia, de ser autuado; e é extremamente improvável que seja condenado e sentenciado. Essa variação ocorre ainda que a infração original da norma seja a mesma nos dois casos. De maneira semelhante, a lei é diferencialmente aplicada a negros e brancos. Sabe-se muito bem que um negro que supostamente atacou uma mulher branca tem muito maior probabilidade de ser punido que um branco que comete a mesma infração; sabe-se um pouco menos que um negro que mata outro negro tem menor probabilidade de ser punido que um branco que comete homicídio. ...

Por que repetir estas observações banais? Porque, tomadas em seu conjunto, elas sustentam a proposição de que o desvio não é uma qualidade simples, presente em alguns tipos de comportamento e ausente em outros. É antes o produto de um processo que envolve reações de outras pessoas ao comportamento. O mesmo comportamento pode ser uma infração das regras num momento e não em outro; pode ser uma infração quando cometido por uma pessoa, mas não quando cometido por outra; algumas regras são infringidas com impunidade, outras não. Em suma, se um dado ato é desviante ou não, depende em parte da natureza do ato (isto é, se ele viola ou não alguma regra) e em parte do que outras pessoas fazem acerca dele.

...

Se tomamos como objeto de nossa atenção o comportamento que vem a ser rotulado de desviante, devemos reconhecer que não podemos saber se um dado ato será categorizado como desviante até que a reação dos outros tenha ocorrido. Desvio não é uma qualidade que reside no próprio comportamento, mas na interação entre a pessoa que comete um ato e aquelas que reagem a ele.

Regras de quem?

Venho usando o termo "outsiders" para designar aquelas pessoas que são consideradas desviantes por outras, situando-se por isso fora do círculo dos membros "normais" do grupo. Mas o termo contém um segundo significado, cuja análise leva a outro importante conjunto de problemas sociais: "outsiders", do ponto de vista da pessoa rotulada de desviante, podem ser aquelas que fazem as regras de cuja violação ela foi considerada culpada.

Regras sociais são criação de grupos sociais específicos. As sociedades modernas não constituem organizações simples em que todos concordam quanto ao que são as regras e como elas devem ser aplicadas em situações específicas. São, ao contrário, altamente diferenciadas ao longo de linhas de classe social, linhas étnicas, linhas ocupacionais e linhas culturais. Esses grupos não precisam partilhar as mesmas regras e, de fato, frequentemente não o fazem. Os problemas que eles enfrentam ao lidar com seu ambiente, a história e as tradições que carregam consigo, todos conduzem à evolução de diferentes conjuntos de regras. À medida que as regras de vários grupos se entrechocam e contradizem, haverá desacordo quanto ao tipo de comportamento apropriado em qualquer situação dada.

...

Embora se possa afirmar que muitas regras ou a maioria delas conta com a concordância geral de todos os membros de uma sociedade, a pesquisa empírica sobre uma determinada regra em geral revela variação nas atitudes das pessoas. Regras formais, impostas por algum grupo especialmente constituído, podem diferir daquelas de fato consideradas apropriadas pela maioria das pessoas. Facções de um grupo podem discordar quanto ao que chamei de regras operantes efetivas. Mais importante para o estudo do comportamento de hábito rotulado como desviante, as perspectivas das pessoas que se envolvem são provavelmente muito diferentes das visões daquelas que o condenam. Nesta última situação, uma pessoa pode sentir que está sendo julgada segundo normas para cuja criação não contribuiu e que não aceita, normas que lhe são impostas por outsiders.

Em que medida e em que circunstâncias pessoas tentam impor suas regras a outros que não as aprovam? Vamos distinguir dois casos. No primeiro, somente aqueles que são realmente membros do grupo têm algum interesse em fazer e impor certas regras. Se um judeu ortodoxo desobedece às leis do *kashrut*,* somente outros judeus ortodoxos verão isso como transgressão. Cristãos ou judeus não ortodoxos não considerarão um desvio nem teriam nenhum interesse em intervir. No segundo caso, integrantes de um grupo consideram importante para seu bem-estar que membros de alguns outros grupos obedeçam a certas regras. Assim, algumas pessoas consideram extremamente importante que aqueles que praticam as artes terapêuticas atenham-se a certas regras; é por isso que o Estado licencia médicos, enfermeiros e outros, e proíbe todos os não licenciados de se envolver em atividades terapêuticas.

À medida que um grupo tenta impor suas regras a outros na sociedade, somos apresentados a uma segunda questão: quem, de fato, obriga outros a aceitar suas regras e quais são as causas de seu sucesso? Esta é, claro, uma questão de poder político e econômico. ... As pessoas estão sempre, de fato, *impondo* suas regras a outras, aplicando-as mais ou menos contra a vontade e sem o consentimento desses outros. Em geral, por exemplo, regras são feitas pelos mais velhos para os jovens. Embora a juventude norte-americana exerça uma forte influência cultural – os meios de comunicação de massa são feitos sob medida para seus interesses, por exemplo –, muitos tipos importantes de regras são criados para os jovens pelos adultos. Regras

---

* Regras alimentares judaicas. (N.T.)

relativas ao comparecimento na escola e ao comportamento sexual não são formuladas tendo-se em vista os problemas da adolescência. De fato, adolescentes se veem cercados por regras concernentes a esses assuntos feitas por pessoas mais velhas e acomodadas. Vê-se como legítima essa atitude, porque os jovens não são considerados sensatos nem responsáveis o bastante para traçar regras adequadas para si mesmos.

Da mesma maneira, é verdade, em muitos aspectos, que os homens fazem regras para as mulheres em nossa sociedade (embora nos Estados Unidos isso esteja mudando rapidamente). Os negros veem-se sujeitos às regras feitas para eles por brancos. Os nascidos no exterior e aqueles etnicamente peculiares de outra maneira muitas vezes têm regras elaboradas para eles pela minoria anglo-saxã protestante. A classe média traça regras que a classe baixa deve obedecer – nas escolas, nos tribunais e em outros lugares.

Diferenças na capacidade de fazer regras e aplicá-las a outros são essencialmente diferenciais de poder (seja legal ou extralegal). Aqueles grupos cuja posição lhes dá armas e poder são mais capazes de impor suas regras. Distinções de idade, sexo, etnicidade e classe estão todas relacionadas a diferenças em poder, o que explica diferenças no grau em que grupos assim distinguidos podem fazer regras para outros.

Além de reconhecer que o desvio é criado pelas reações de pessoas a tipos particulares de comportamento, pela rotulação desse comportamento como desviante, devemos também ter em mente que as regras criadas e mantidas por essa rotulação não são universalmente aceitas. Ao contrário, constituem objeto de conflito e divergência, parte do processo político da sociedade.

QUESTÕES E TEMAS PARA DISCUSSÃO

1. Relacionar a leitura de *O alienista*, de Machado de Assis, com as ideias do texto.
2. Discutir como a imposição das regras é socialmente diferenciada. Por exemplo, jovens brancos de classe média tendem a ser menos punidos do que jovens negros que moram em favelas ou na periferia, mesmo que a infração seja igual.
3. Perceber a historicidade daquilo que é considerado norma e desvio: como comportamentos tidos como desviantes (por exemplo, a contracultura dos anos 1960 ou a resistência à ditadura no Brasil) passaram a ser posteriormente valorizados. Pensar em outros exemplos.

LEITURAS SUGERIDAS

Homepage pessoal de Howard S. Becker disponível em: http://home.earthlink.net/~hsbecker/.

Entrevista concedida à revista *Estudos históricos* (Rio de Janeiro, vol.3, n.5, 1990, p.114-36); disponível em: http://bibliotecadigital.fgv.br/ojs/index.php/reh/article/view/2290/1429.

Becker, Howard S. *Outsiders: estudos de sociologia do desvio*. Rio de Janeiro, Zahar, 2009.

Elias, Norbert e John L. Scotson. *Os estabelecidos e os outsiders*. Rio de Janeiro, Zahar, 2000.

8. A sociologia do campo político, por Pierre Bourdieu

O sociólogo francês Pierre Bourdieu (1930-2002) inspirou-se em autores da tradição clássica da disciplina – sobretudo Marx e Weber – para produzir uma vasta e importante obra, especialmente no que se refere ao estudo de processos de distinção, diferenciação e reprodução social.

Central em sua obra foi o conceito de "campo" – entendido por ele como uma espécie de "microcosmo" relativamente autônomo no interior do grande mundo social, e que obedece a leis próprias. Esse conceito foi aplicado ao estudo de processos sociais que ocorrem nos campos da educação, da cultura, da arte etc. Nesta conferência de 1999, da qual foi retirado o texto deste capítulo, Bourdieu faz uma tentativa de pensar sociologicamente a política, analisando-a através do conceito de campo.

Bourdieu contrapõe à suposta igualdade formal própria do ordenamento político uma desigualdade real de acesso ao campo. Há, assim, uma minoria de "profissionais" que participa do campo político e uma massa de "profanos" que não encontra legitimidade social para a ação política e que tende, na visão de Bourdieu, a interiorizar e naturalizar sua própria impotência. O campo político, no entanto, nunca se autonomiza completamente, já que, em suas lutas internas, remete permanentemente às clientelas que lhe são externas e que podem ter a palavra final nestas disputas.

O CAMPO POLÍTICO

Pierre Bourdieu

"Por que falar de campo político? O que isso acrescenta do ponto de vista da compreensão da política? Seria isso sobrepor à realidade do mundo político um conceito aparentemente muito próximo da intuição ordinária e de noções de que nos armamos espontaneamente para compreender o mundo político? Fala-se frequentemente de arena política, de jogo político, de lutas políticas...

A noção de campo político tem muitas vantagens: ela permite construir de maneira rigorosa essa realidade que é a política ou o jogo político. Ela permite, em seguida, comparar essa realidade construída com outras realidades como o campo religioso, o campo artístico... e, como todos sabem, nas ciências sociais, a comparação é um dos instrumentos mais eficazes, ao mesmo tempo de construção e de análise. Durkheim dizia que "a sociologia é o método comparativo". Grandes historiadores fizeram eco dessa proposição e esforçaram-se por fazer do método comparativo o instrumento de conhecimento por excelência. Por fim, penso que é uma noção que possui virtudes negativas, o que é uma propriedade dos bons conceitos (que valem tanto pelos falsos problemas que eles eliminam como pelos problemas que permitem construir). Eis as três razões pelas quais a noção de campo me parece útil.

Procurarei proceder de maneira progressiva, pedagogicamente. Falar de campo político é dizer que o campo político (e por uma vez citarei Raymond Barre) é um microcosmo, isto é, um pequeno mundo social relativamente autônomo no interior do grande mundo social. Nele se encontrará um grande número de propriedades, relações, ações e processos que se encontram no mundo global, mas esses processos, esses fenômenos, se revestem aí de uma forma particular. É isso o que está contido na noção de autonomia: um campo é um microcosmo autônomo no interior do macrocosmo social.

Autônomo, segundo a etimologia, significa que tem sua própria lei, seu próprio *nomos*, que tem em si próprio o princípio e a regra de seu funcionamento. É um universo no qual operam critérios de avaliação que lhe são próprios e que não teriam validade no microcosmo vizinho. Um universo que obedece a suas próprias leis, que são diferentes das leis do mundo social ordinário. Quem quer que entre para a política, assim como alguém que ingresse em uma religião, deve operar uma transformação, uma conversão. Mesmo que esta não lhe apareça como tal, mesmo que não tenha consciência disso, ela lhe é tacitamente imposta, e a sanção em caso de transgressão é o fracasso ou a exclusão. Trata-se, portanto, de uma lei específica e que constitui um princípio de avaliação e eventualmente de exclusão. Um índice, o escândalo: quem entra para a política se compromete tacitamente a eximir-se de certos atos incompatíveis com sua dignidade, sob pena de escândalo.

Esse microcosmo é também separado do resto do mundo. Como o campo religioso, o campo político repousa sobre uma separação entre os profissionais e os profanos. No campo religioso, há os laicos e os clérigos. Não existe sempre um campo político (simplesmente enuncio esta proposição, sem argumentar a propósito). Há uma gênese do campo político, uma história social do nascimento do campo político. Coisas que nos parecem evidentes (por exemplo, o voto por maioria) foram o produto de invenções históricas extremamente longas. Essas coisas que parecem ter existido eternamente são frequentemente de invenção recente. A cabine de votação, por exemplo, é uma invenção do século XIX, que está ligada a uma conjuntura histórica. Há belos trabalhos históricos sobre essas questões.

Quais são os fundamentos da fronteira, muitas vezes invisível, entre os profissionais e os profanos? Na tradição da sociologia política, alguns sociólogos do início do século XX, que classificamos na categoria de neomaquiavelistas e que trabalham principalmente sobre os partidos socialistas alemães e italianos – Michels, para a Alemanha, e Mosca, para a Itália –, desenvolveram a ideia de que havia leis de bronze [sic] dos aparelhos políticos; isto é, que havia nos aparelhos políticos, inclusive nos partidos democráticos ou nos sindicatos representativos dos trabalhadores, uma certa tendência à concentração do poder nas mãos de um pequeno número, de uma oligarquia. É uma visão bastante pessimista da história, que equivale a dizer que há sempre dominantes e dominados, até mesmo nos partidos que se presume expressarem as forças supostamente voltadas para libertar os dominados. Para contrapor-se a essa visão pessimista, é suficiente levar em conta a distribuição estatisticamente observável dos meios de acesso ao microcosmo político. Isso é algo que se sabe suficientemente bem por meio da análise estatística do uso do voto ou da propensão a votar, ou da distribuição estatística da propensão a responder, por exemplo, a uma questão de opinião política, notadamente em uma sondagem. Sabe-se que essas propensões, essas aptidões, essas capacidades são muito desigualmente distribuídas, não por natureza (não há pessoas que estariam dispostas a fazer uso dos poderes políticos ou dos direitos de cidadania, e outras que, por natureza, seriam desprovidas de semelhante disposição), mas porque existem condições sociais de acesso à política. Sabe-se, por exemplo, que no estado atual da divisão do trabalho entre os sexos as mulheres têm uma propensão muito menor do que os homens a responder às questões políticas. Da mesma forma, as pessoas pouco instruídas têm uma propensão muito mais fraca do que as instruídas, assim como as pessoas pobres têm uma propensão muito mais fraca... Se bem que (e esta é uma observação *en passant*, mas extremamente importante) as democracias modernas, e em particular a democracia americana que sempre se dá como exemplo, se apoiam em um mecanismo censitário oculto. Quando mais de 50% dos cidadãos não votam, isso coloca problemas para a democracia, sobretudo quando esses 50% não se distribuem ao acaso, mas são recrutados preferencialmente entre os mais despossuídos econômica e culturalmente. Essa constatação da capacidade desigual de acesso ao campo político é extremamente importante para evitar naturalizar as desigualdades políticas (uma das grandes tarefas permanentes da sociologia é a de recolocar a história no princípio de diferenças que, espontaneamente, são tratadas como diferenças naturais). Há, portanto, condições sociais de possibilidade de acesso a esse microcosmo, como, por exemplo, o tempo livre: a primeira acumulação de capital político é característica de pessoas dotadas de um excedente econômico que lhes possibilita subtrair-se às atividades produtivas, o que lhes permite colocar-se na posição de porta-voz. Além do tempo livre, há este outro fator que é a educação.

Tendo dito isso, o que fiz foi apenas relembrar as condições sociais do funcionamento do campo político como um lugar em que certo número de pessoas, que preenchem as condições de acesso, joga um jogo particular do qual os outros estão excluídos. É importante saber que o universo político repousa sobre uma exclusão, um desapossamento. Quanto mais o campo político se constitui, mais ele se autonomiza, mais se profissionaliza, mais os profissionais tendem a ver os profanos com uma espécie de comiseração. Para que fique claro que não estou fazendo pura especulação, evocarei simplesmente o uso que certos políticos fazem da acusação de irresponsabilidade lançada contra os profanos que desejam se meter com a política: com dificuldade para suportar a intrusão dos profanos no círculo sagrado dos políticos, eles os chamam à ordem do mesmo modo que os clérigos lembravam aos leigos sua ilegitimidade. No momento da Reforma, por exemplo, um dos problemas decorria das mulheres quererem oficiar missa ou dar extrema-unção. Os clérigos defendiam o que Max Weber chama de seu "monopólio da manipulação legítima dos bens de salvação" – fórmula magnífica – e denunciavam o exercício ilegal da religião. Quando se diz a um simples cidadão que ele é politicamente irresponsável, se o está acusando de exercício ilegal da política. Uma das virtudes desses irresponsáveis – entre os quais me incluo – é a de evidenciar um pressuposto tácito da ordem política, a saber, que dela estão excluídos os profanos. ... Só os políticos têm competência (uma palavra muito importante, simultaneamente técnica e jurídica) para falar de política. Cabe a eles falar de política. Eis uma proposição tácita que está inscrita na existência do campo político.

Quando evoco essa repulsa geral, esse consenso na condenação, faço-o para mostrar que o pertencer ao campo assenta-se em uma crença que ultrapassa as oposições constitutivas das lutas que nele se travam. Para estar em desacordo sobre uma fórmula política, é preciso estar de acordo sobre o terreno de desacordo. Para estar em desacordo sobre uma proposição sociológica, é preciso estar de acordo sobre o terreno de desacordo. "Que ninguém entre aqui [no domínio da geometria] se não for geômetra", se não aceitar o jogo da geometria. É preciso preliminarmente um acordo sobre o que torna possível o desacordo, isto é, um acordo de que a política é importante, que somente os políticos podem fazer política, que somente os políticos têm competência para fazer política... Quando digo postulado, já estou falseando a realidade: trata-se de teses tácitas, ao passo que o postulado demanda explicitamente o direito de dizer alguma coisa. Um dos grandes problemas no que diz respeito aos campos, mesmo os mais sofisticados como o campo matemático (os matemáticos são os que mais procuram reduzir o implícito no fato de existir como campo), é o da axiomatização, que é um esforço para tornar explícitas as tautologias fundamentais sobre as quais repousa um campo. Em sua maioria, os campos, religioso, literário..., repousam sobre pressupostos tácitos aceitos por todos: do gênero "arte é arte", "política é política" etc. É algo que os profanos às vezes intuem. Eles mantêm uma desconfiança em relação à delegação política, desconfiança que se baseia nesse sentimento de que as pessoas que jogam esse jogo que chamamos de política têm entre si uma espécie de cumplicidade fundamental, prévia a seu desacordo. Podemos mesmo dizer que, em decorrência de pertencerem ao campo, elas têm interesses em sua perpetuação, e esses interesses podem ser apresentados como a expressão dos interesses dos cidadãos que lhes deram a delegação para representá-los.

Em outras palavras, não é sem fundamento que há uma suspeita originária em relação aos políticos, uma suspeita que é imediatamente denunciada como pujadista ou populista, segundo a época. Uma das virtudes da noção de campo é a de tornar inteligível o fato de que certo número de ações realizadas pelas pessoas que estão nesse jogo, que eu chamo de campo político, têm seu princípio no campo político. ... Dizer que há um campo político é lembrar que as pessoas que aí se encontram podem dizer ou fazer coisas que são determinadas não pela relação direta com os eleitores, mas pela relação com os outros membros do campo. Ele diz o que diz – por exemplo, uma tomada de posição a propósito da segurança ou da delinquência... – não para responder às expectativas da população em geral, ou mesmo da categoria que lhe deu voz, que o designou como mandatário, mas por referência ao que outros no campo dizem ou não dizem, fazem ou não fazem, para diferenciar-se ou, ao contrário, apropriar-se de posições que possam ameaçar a aparência de representação que ele possa ter. Dito de outra forma, a noção de campo relativamente autônomo obriga a colocar a questão do princípio das ações políticas e obriga a dizer que, se queremos compreender o que faz um político, é por certo preciso buscar saber qual é sua base eleitoral, sua origem social..., mas é preciso não esquecer de pesquisar a posição que ele ocupa no microcosmo e que explica uma boa parte do que ele faz. ...

Assim, o fato de o campo político ser autônomo e ter sua lógica própria, lógica que está no princípio dos posicionamentos daqueles que nele estão envolvidos, implica que existe um interesse político específico, não automaticamente redutível aos interesses dos outorgantes do mandato. Há interesses que se definem na relação com as pessoas do mesmo partido ou contra as pessoas dos outros partidos. O funcionamento do campo produz uma espécie de fechamento. Esse efeito observável é o resultado de um processo: quanto mais um espaço político se autonomiza, mais avança segundo sua lógica própria, mais tende a funcionar em conformidade com os interesses inerentes ao campo, mais cresce a separação com relação aos profanos.

Um dos fatores dessa evolução no sentido de uma autonomia crescente e, portanto, de uma separação crescente, é o fato de que o campo político é o lugar de produção e operação de uma *competência específica*, de um sentido do jogo próprio de cada campo. ... Há admiráveis trabalhos em curso sobre a socialização dos jovens políticos, em nível do Conselho Geral [*Conseil Général*],* por exemplo. É um estágio importante, um dos momentos em que se sai da política do lugarejo. O político local, de base, pode ser "natural" nos pequenos povoados ou nas cidades pequenas; pode contentar-se com uma competência política elementar, na medida em que se trata de conhecer bem seus cidadãos e de ser "bem visto" por eles. Quando se passa no nível do Conselho Geral, de uma assembleia departamental, o pertencimento ao partido começa a ter um papel e os mais antigos socializam os mais novos, ensinando-os a não reagir de maneira inflexível com uma simples política espontânea, política essa que não é uma política no sentido do campo político. Com bons sentimentos, faz-se má política. É preciso aprender a usar de evasivas ou subterfúgios, aprender os artifícios, as relações de forças, como tratar os adversários... Essa cultura específica deve ser dominada de forma prática. ... Por exemplo, a forma mais erudita dessa cultura é o direito constitucional. Há momentos em que, se você não possui um mínimo de cultura em direito constitucional, você fica excluído de toda uma série de debates. Mais pro-

---

* O *Conseil Général* é o órgão legislativo do Departamento, a unidade politico-administrativa intermediária entre o nível municipal e o nível nacional. (N.T.)

fundamente, o que é importante é o aprendizado de todos esses saberes e de todas essas habilidades que lhe possibilitam comportar-se normalmente, isto é, politicamente, em um campo político, que lhe abrem a possibilidade de participar no que habitualmente se chama de "a política politiqueira". Essa percepção do jogo político é o que faz com que se possa negociar um compromisso, que se silencie a respeito de algo que habitualmente se diria, que se saiba proteger discretamente os amigos, que se saiba falar aos jornalistas...

Tudo isso contribui também para o fechamento do campo e para o fato de que ele tenda a girar no vazio. Se abandonado a sua lógica própria, ele funcionaria em última instância como um campo artístico muito avançado onde não há mais público, como a poesia ou o universo da pintura de vanguarda (na inauguração de suas exposições, os pintores dizem que só seus próprios pares são seu público). Esse fechamento é um índice muito significativo da autonomia de um campo. No campo das matemáticas, que é sem dúvida o mais autônomo dos campos, os praticantes só se relacionam com seus pares e competidores. (Entre parênteses, deve-se dizer que é isso o que faz com que as matemáticas progridam, pois, quando você só tem relacionamento com seus competidores, você está sob forte vigilância e está obrigado a refinar suas demonstrações.)

Por razões evidentes, o campo político não pode chegar a esses extremos: os que estão envolvidos nesse jogo não podem jogar entre si sem fazer referência àqueles em nome de quem se expressam e perante os quais devem prestar contas, mais ou menos ficticiamente, de tempos em tempos. Os jogos internos encontram aí o seu limite. O que mais se aproxima do campo político é o campo religioso: nesse caso também, uma parte muito importante do que nele ocorre é efeito de relações internas. Foi isso que, sem a noção de campo, Max Weber descreveu muito bem; as relações entre o padre, o profeta e o feiticeiro são determinantes do essencial daquilo que se passa no campo religioso. O padre excomunga o profeta, o profeta desrotiniza a mensagem do clero... Passam-se inúmeras coisas entre eles, mas sob a arbitragem dos leigos, que podem ou não seguir um profeta, desertar as igrejas ou continuar a frequentá-las. Nesse sentido, o campo religioso se assemelha bastante ao campo político, o qual, apesar de sua tendência ao fechamento, permanece submetido ao veredito dos leigos.

Um campo é um campo de forças, e um campo de lutas para transformar as relações de forças. Em um campo como o campo político ou o campo religioso, ou qualquer outro campo, as condutas dos agentes são determinadas por sua posição na estrutura da relação de forças característica desse campo no momento considerado. Isso coloca uma questão: qual é a definição da força? Em que consiste ela e como é possível transformar essas relações de forças? Outra questão importante: quais são os limites do campo político?

Eu disse, no momento adequado, que se tratava de um campo autônomo, de um microcosmo separado no interior do mundo social. Uma das transformações mais importantes da política, de uns vinte anos para cá, está ligada ao fato de que agentes que podiam considerar-se, ou ser considerados, como espectadores do campo político, tornaram-se agentes em primeira pessoa. Quero referir-me aos jornalistas e, especialmente, aos jornalistas de televisão e, também, aos especialistas em pesquisa de opinião. Para descrever o campo político atualmente, é preciso incluir essas categorias de agentes, pela simples razão de que eles produzem efeitos nesse campo. Perguntam-me frequentemente o que me faz reconhecer que uma instituição ou um agente faz parte de um campo. A resposta é simples: reconhece-se a presença ou existência de um agente em um campo pelo fato de que ele transforma o estado do campo (ou que, se o retiramos, as coisas se modificam significativamente). ...

Acredito, e se trata de uma proposição muito geral, que em todo campo se põe a questão dos limites do campo, do pertencimento ou não pertencimento ao campo. Em um campo de sociólogos, coloca-se a questão de saber quem é sociólogo e quem não o é, e ao mesmo tempo a de quem tem o direito de se dizer sociólogo e quem não o tem (ou, em um campo de matemáticos, quem é matemático e quem não o é).

Quanto mais um campo é autônomo e instalado em sua autonomia, mais essa questão do fundamento último do campo é ocultada, esquecida, mas pode ocorrer uma revolução científica que recoloque as fronteiras em questão, o que Kuhn chama de "mudanças de paradigmas". São situações nas quais novos ingressantes mudam de tal maneira os princípios de pertencimento ao campo que pessoas que antes faziam parte dele agora já não fazem mais, são desqualificadas, e pessoas que dele não faziam parte agora fazem. Pode-se dar um exemplo histórico, o da revolução impressionista (a revolução operada por Manet). É uma revolução dos princípios de visão e de divisão, uma revolução dos princípios segundo os quais é legítimo representar o mundo visível: os detentores da norma, do *nomos*, da lei fundamental, encontram-se bruscamente desqualificados, ao passo que os heréticos, ao contrário, são consagrados, canonizados.

Vê-se, pois, que o campo político tem uma particularidade: nunca pode se autonomizar completamente; está incessantemente referido a sua clientela, aos leigos, e estes têm de alguma forma a última palavra nas lutas entre os clérigos, entre os membros do campo. Por quê? O que faz com que a política não seja poesia, que o campo político não seja como o poético, é o fato de que o que está principalmente em jogo nas lutas simbólicas e políticas sobre o *nomos* (*nomos* vem do verbo *némo*, que significa operar uma divisão, uma partilha; comumente o termo é traduzido por "a lei", mas significa também, mais precisamente, o que chamo de princípio de visão e de divisão fundamental, que é característico de cada campo) são a enunciação e a imposição dos "bons" princípios de visão e de divisão. No campo político, se eu disser que a divisão principal é a divisão entre ricos e pobres, obterei uma determinada estrutura social. Se disser que a principal é a divisão entre franceses e estrangeiros, obterei uma estrutura inteiramente diferente. Em outras palavras, os princípios de divisão não têm nada de fortuito. Eles são constitutivos dos grupos e, portanto, das forças sociais. A política é uma luta em prol de ideias, mas um tipo de ideias absolutamente particular, a saber, as ideias-força, ideias que dão força ao funcionar como força de mobilização. Se o princípio de divisão que proponho for reconhecido por todos, se meu *nomos* se tornar o *nomos* universal, se todos virem o mundo como eu o vejo, terei atrás de mim toda a força das pessoas que compartilham minha visão. "Proletários de todos os países, uni-vos!"* é uma declaração política que quer dizer que o princípio de divisão nacional não é muito importante em relação ao princípio internacional que opõe transnacionalmente ricos e pobres.

As lutas políticas são lutas entre responsáveis políticos, mas nessas lutas os adversários, que competem pelo monopólio da manipulação legítima dos bens políticos, têm um objeto comum em disputa, o poder sobre o Estado (que em certa medida põe fim à luta política, visto que as verdades de Estado são verdades transpolíticas, pelo menos oficialmente). As lutas pelo monopólio do princípio legítimo de visão e de divisão do mundo social opõem pessoas dotadas de poderes desiguais. Pode-se dizer que em cada campo opera um tipo de poder. Entre os matemáticos, trata-se do capital matemático: há pessoas que, em virtude de suas realizações anteriores, de suas invenções (inventaram teoremas que levam seus nomes), têm um capital específico que não seria operante na Assembleia Nacional ou na Bolsa de Valores, mas que é muito poderoso em uma assembleia de matemáticos. Cada espécie particular de capital está ligada a um campo e tem os mesmos limites de validade e de eficácia que o campo no interior do qual tem curso. Toda tentativa de impô-la para além desses limites é uma forma de tirania, no sentido de Pascal. Não é raro, por exemplo, que os políticos queiram agir diretamente sobre o campo literário. Eles criam academias sem ver que há uma lei fundamental de um campo autônomo que diz que só podem agir sobre ele as forças que ele reconhece, que são conformes ao seu *nomos*. Mais vale ser publicado pelas *Éditions de Minuit* do que estar na Academia Francesa. Quando você é

---

* Frase final do *Manifesto comunista* (1848) de Marx e Engels. (N.O.)

presidente da República, não pode outorgar diplomas de excelência literária (conquanto todos eles procurem fazê-lo, sobretudo quando se acreditam escritores, como certos de nossos falecidos presidentes).

Há, no campo político, lutas simbólicas nas quais os adversários dispõem de armas desiguais, de capitais desiguais, de poderes simbólicos desiguais. O poder político é peculiar no sentido de se parecer com o capital literário: trata-se de um capital de reputação, ligado à notoriedade, ao fato de ser conhecido e reconhecido, *notável*. Daí o papel muito importante da televisão, que introduziu algo extraordinário, pois as pessoas que só eram conhecidas pelas reuniões eleitorais nos pátios das escolas não têm mais nada a ver com esses subministros que, suficientemente poderosos em seus partidos para aparecerem na televisão, têm seus rostos conhecidos por todo mundo. O capital político é, portanto, uma espécie de capital de reputação, um capital simbólico ligado à maneira de ser conhecido.

À medida que o campo político avança na história e que, notadamente com o desenvolvimento dos partidos, se institucionalizam os papéis, as tarefas políticas, a divisão do trabalho político, aparece um fenômeno muito importante: o capital político de um agente político dependerá primeiramente do peso político de seu partido e do peso que a pessoa considerada tem dentro de seu partido. Nós não damos suficiente importância a essa noção extraordinária de *investidura*. Atualmente, o partido é uma espécie de banco de capital político específico, e o secretário-geral de um partido é uma espécie de banqueiro (talvez não seja por acaso que todos os nossos presidentes, passados e futuros, são antigos secretários-gerais...) que controla o acesso ao capital político, burocratizado, burocrático, garantido e autenticado burocraticamente pela burocracia de um partido.

À medida que o campo político se burocratiza, o ingresso à instituição supõe direitos de acesso, e hoje esses direitos são com cada vez maior frequência outorgados pelos partidos (e pelas grandes escolas, notadamente a Escola Nacional de Administração, a ENA). Os mais tenazes conservadores de um partido são os que mais dependem dele. Em linguagem religiosa, são o que se chamava de oblatos: eram filhos de famílias pobres, que os doavam à Igreja e que, tudo devendo à Igreja, lhe davam tudo, davam tudo à Igreja que tudo lhes havia dado. Não existe ninguém mais fiel que o oblato, pois se deixa a Igreja não tem mais nada. O partido comunista muito se apoiou sobre essa fórmula. São pessoas que oferecem todas as garantias, dado que têm toda a sua legitimidade, todo o seu poder, da investidura do partido. Não são mais nada se o partido lhes retira a investidura, daí os dramas da exclusão. A exclusão é uma excomunhão (as analogias religiosas funcionam muito bem).

Os interesses políticos específicos de que eu falava há pouco tornam-se cada vez mais ligados ao pertencimento a um partido e, ao mesmo tempo, à reprodução de um partido e à reprodução assegurada pelo partido. Uma grande parte das ações realizadas pelos políticos não têm outra função que a de reproduzir o aparelho e de reproduzir os políticos ao reproduzir o aparelho que lhes assegura a reprodução. ...

Ao começar, eu disse que o campo político podia ser descrito como um jogo no qual o que está em disputa é a imposição legítima dos princípios de visão e divisão do mundo social. Há os brancos e os negros, mas também os mestiços, que têm virtualmente a mesma importância; fazendo uma sociologia comparada sobre a maneira de tratar a oposição entre brancos e negros, vê-se de imediato que a situação não é a mesma no Brasil, nos Estados Unidos e na França. Um dos temas da luta política pode ser o deslocamento dessas fronteiras ou dicotomias. As lutas políticas envolvem disputas intelectuais, princípios de visão e de divisão. Como diziam os gregos, são as categorias, os princípios de classificação. O que se chama de lutas de classes são, na verdade, lutas de classificação. Mudar esses princípios de classificação não é simplesmente realizar uma ação intelectual, é também uma ação política na medida em que os princípios de classificação fazem classes, as quais são passíveis de mobilização. Durante as guerras de religião, podiam-se mobilizar exércitos com base em uma imposição de categorias. O que está em disputa no jogo político é o monopólio da capacidade de fazer ver e de fazer crer de uma maneira ou de outra. Assim se explica que a analogia religiosa seja tão poderosa. Trata-se de uma luta entre ortodoxia e heresia. Ortodoxia significa visão reta e de direita. O herético, ao contrário, é aquele que escolhe, por oposição ao que não escolhe, que acha que as coisas são como são, que o mundo está bem como está, que não há nada a dizer ou dizer de outra forma, e que é suficiente deixar continuar. Para o herético, "isso não pode durar". As disputas do mundo político são sempre duplas; são combates por ideias, mas, como estas só são completamente políticas se se tornam ideias-força, são também combates por poderes.

Há uma espécie de ambiguidade inerente à política, donde o problema muito difícil para os intelectuais que é o entrar na política sem se tornarem políticos. Eles são imediatamente remetidos ao papel de irresponsáveis. Não me canso de repetir a fórmula de Espinosa: "não existe uma força intrínseca da ideia verdadeira". Porque a divisão do trabalho lhes dá condições, os intelectuais e os pesquisadores, sejam eles economistas, sociólogos, historiadores, têm um acesso um pouco superior à média a verdades sobre o mundo social. Eles, por vezes, desejariam entrar no mundo político, que é um jogo de ideias-força. Mas como dar força às ideias sem entrar no campo e no jogo político? Penso que esta é uma maneira absolutamente séria de colocar o problema dos intelectuais. Não se trata de um problema abstrato. Penso ser importante que os pesquisadores possam ter algo a dizer sobre os problemas de visão e de divisão, sobre o mundo social que eles passam a vida a estudar para produzir um conhecimento. Talvez essa questão só interesse a umas poucas pessoas, mas ela me parece relativamente importante. Porém, isso não é tudo. A tentativa de dar um pouco de força política a ideias verdadeiras é particularmente difícil e arriscada em um jogo em que os poderosos tendem a imitar a verdade e a procurar dar às crenças e aos princípios de visão e de divisão que se esforçam por impor, em matéria de economia notadamente, a aparência de uma marca de verdade, de uma garantia científica. Eles não param de dizer "a ciência está conosco", os prêmios Nobel estão conosco, como nas guerras de outrora se gritava "Deus está conosco"; e eles pedem ao povo que se oriente pelos mais competentes, pelos que possuem melhor conhecimento, que reivindicam o monopólio da manipulação dos bens de salvação política, o monopólio da definição do bom e do bem políticos, em nome do monopólio da competência e da verdade.

A esse golpe de força exercido em nome da ciência, mas com todos os meios fornecidos pelo poder econômico, temos o direito (e talvez o dever) de nos opor em nome da própria ciência. Mas, sem poder contar com outras armas a não ser as fornecidas pelo conhecimento do mundo social tal qual ele é. E talvez principalmente pelo conhecimento do jogo-duplo que é constitutivo do jogo político, no qual a força é simultaneamente a arma e o que está em jogo. E onde, não obstante, para se fortalecer, é preciso fazer ares de levar em conta e em consideração a verdade. É porque essa homenagem à virtude científica está inscrita na própria lógica do microcosmo político que a ciência – e em particular a ciência do jogo político – não é totalmente desprovida de força política, tendo ao menos uma força crítica, negativa. 99

QUESTÕES E TEMAS PARA DISCUSSÃO

1. Discutir a afirmação de Bourdieu de que a entrada na política pode ser vista como uma espécie de "conversão", similar à religiosa.
2. Como a divisão entre "profissionais" e "profanos" se coloca na política contemporânea? Que tipos de acusação uns e outros fazem?
3. Bourdieu comenta que o campo político não é imutável, que há "uma gênese do campo político, uma história social do nascimento do campo político". Uma breve pesquisa pode revelar como o voto universal, o voto secreto e o voto feminino são fenômenos historicamente recentes.

LEITURAS SUGERIDAS

Bourdieu, Pierre. *Sobre a televisão*. Rio de Janeiro, Zahar, 1997.

____. *Lições da aula: aula inaugural proferida no Collège de France em 23 de abril de 1982*. São Paulo, Ática, 2001.

____. *A Distinção: crítica social do julgamento*. Porto Alegre, Zouk, 2007.

____. *Pierre Bourdieu entrevistado por Maria Andréa Loyola*. Rio de Janeiro, EdUerj, 2002.

____. *Contrafogos: táticas para enfrentar a invasão neoliberal*. Rio de Janeiro, Zahar, 1998.

9. A transformação das pessoas em mercadoria, por Zygmunt Bauman

Sociólogo polonês nascido em 1925 e radicado na Grã-Bretanha desde 1971, Zygmunt Bauman escreveu vários livros sobre a passagem de uma fase "sólida" da modernidade – com modelos e estruturas sociais estáveis e repetitivos – para uma fase "líquida", flexível e volúvel, na qual esses modelos e estruturas não perduram o tempo suficiente para enraizar-se socialmente. Nesse novo mundo "líquido", a incerteza passa a dominar a cena social, em várias dimensões:

> as organizações sociais (estruturas que limitam as escolhas individuais, instituições que asseguram a repetição de rotinas, padrões de comportamento aceitável) não podem mais manter sua forma por muito tempo (nem se espera que o façam), pois se decompõem e se dissolvem mais rápido que o tempo que leva para moldá-las e, uma vez reorganizadas, para que se estabeleçam. É pouco provável que essas formas, quer já presentes ou apenas vislumbradas, tenham tempo suficiente para se estabelecer, e elas não podem servir como arcabouços de referência para as ações humanas, assim como para as estratégias existenciais a longo prazo, em razão de sua expectativa de vida curta: com efeito, uma expectativa mais curta que o tempo que leva para desenvolver uma estratégia coesa e consistente, e ainda mais curta que o necessário para a realização de um "projeto de vida" individual.[1]

O texto seguinte é parte da introdução de *Vida para consumo: a transformação das pessoas em mercadoria*, publicado originalmente em 2007. Nele, Bauman trata da mudança de uma sociedade de produtores para uma sociedade de consumidores e o desenvolvimento do "fetichismo da subjetividade".

---

[1] Z. Bauman, *Tempos líquidos*, p.7.

Bauman começa o texto mencionando três casos aleatórios, retirados de notícias de jornais de 2006, sobre os "hábitos altamente mutáveis de nossa sociedade cada vez mais 'plugada', ou, para ser mais preciso, *sem fio*".[2]

O primeiro caso trata do enorme sucesso das redes sociais, principalmente entre os adolescentes. Estas se espalham com a velocidade de um vírus, apesar de cada uma delas ser efêmera – logo a moda se transfere para outra rede social, e assim continuamente. Todas têm em comum, no entanto, o intercâmbio de informações pessoais: são locais onde os usuários revelam detalhes íntimos e compartilham imagens de suas vidas pessoais. Embora inicialmente os usuários acreditem que as redes sociais "expressam sua liberdade de escolha, e mesmo que constituam uma forma de rebeldia e autoafirmação juvenil",[3] logo se dão conta de que "levar a vida social eletronicamente mediada não é mais uma opção, mas uma necessidade do tipo 'pegar ou largar'",[4] e que os que não se integram correm o risco de sofrer uma "morte social". Para Bauman, o impulso que leva à exibição desse "eu interior" não é, contudo, algo puramente geracional:

> Os adolescentes equipados com confessionários eletrônicos portáteis são apenas aprendizes treinando e treinados na arte de viver numa sociedade confessional – uma sociedade notória por eliminar a fronteira que antes separava o privado e o público, por transformar o ato de expor publicamente o privado numa virtude e num dever públicos, e por afastar da comunicação pública qualquer coisa que resta a ser reduzida a confidências privadas, assim como aqueles que se recusam a confidenciá-las.[5]

O segundo caso trata de como sistemas informatizados estão sendo crescentemente usados por empresas para classificar os perfis de seus clientes, definindo assim, rapidamente, quais são potencialmente mais valiosos e que devem receber atendimento prioritário. No outro extremo, os clientes indesejáveis – sem crédito, que consomem pouco ou resistentes ao marketing – recebem menor atenção, se não forem mesmo rejeitados. Não se trata de um costume novo, mas é inegável que os novos softwares vieram ajudar os administradores nessa tarefa.

O terceiro caso trata de uma declaração do então ministro britânico do Interior, que havia anunciado um novo sistema de imigração, "baseado em pontuações", destinado a "atrair os melhores e mais inteligentes" – e, é claro, embora isso tenha sido omitido da declaração, manter afastados os imigrantes indesejáveis.

Segue-se a análise de Bauman sobre como as pessoas se transformaram em mercadoria.

---

[2] Z. Bauman, *Vida para consumo*, p.7.
[3] Ibid., p.8.
[4] Ibid., p.9.
[5] Idem.

O SEGREDO MAIS BEM-GUARDADO DA SOCIEDADE DE CONSUMIDORES

Zygmunt Bauman

"Três casos apresentados em três diferentes seções do jornal e supostamente pertencentes a domínios da vida muito distintos, cada qual governado por seu próprio conjunto de regras, supervisionado e administrado por agências mutuamente independentes. Casos que parecem tão dessemelhantes, que dizem respeito a pessoas com origens, idades e interesses amplamente diversos, confrontadas com desafios bastante variados e lutando para resolver problemas muito diferentes. Pode-se indagar: haveria alguma razão para colocá-las lado a lado e considerá-las como espécimes de uma mesma categoria? A resposta é sim, há uma razão, e muito poderosa, para conectá-las.

Os colegiais de ambos os sexos que expõem suas qualidades com avidez e entusiasmo na esperança de atrair a atenção para eles e, quem sabe, obter o reconhecimento e a aprovação exigidos para permanecer no jogo da sociabilidade; os clientes potenciais com necessidade de ampliar seus registros de gastos e limites de crédito para obter um serviço melhor; os pretensos imigrantes lutando para acumular pontuação, como prova da existência de uma demanda por seus serviços, para que seus requerimentos sejam levados em consideração – todas as três categorias de pessoas, aparentemente tão distintas, são aliciadas, estimuladas ou forçadas a promover uma *mercadoria* atraente e desejável. Para tanto, fazem o máximo possível e usam os melhores recursos que têm à disposição para aumentar o valor de mercado dos produtos que estão vendendo. E os produtos que são encorajadas a colocar no mercado, promover e vender são *elas mesmas*.

São, ao mesmo tempo, os promotores *das mercadorias* e *as mercadorias que promovem*. São, simultaneamente, o produto e seus agentes de marketing, os bens e seus vendedores (e permitam-me acrescentar que qualquer acadêmico que já se inscreveu para um emprego como docente ou para receber fundos de pesquisa vai reconhecer suas próprias dificuldades nessa experiência). Seja lá qual for o nicho em que possam ser encaixados pelos construtores de tabelas estatísticas, todos habitam o mesmo espaço social conhecido como *mercado*. Não importa a rubrica sob a qual sejam classificados por arquivistas do governo ou jornalistas investigativos, a atividade em que todos estão engajados (por escolha, necessidade ou, o que é mais comum, ambas) é o *marketing*. O teste em que precisam passar para obter os prêmios sociais que ambicionam exige que *remodelem a si mesmos como mercadorias*, ou seja, como produtos que são capazes de obter atenção e atrair *demanda e fregueses*.

Siegfried Kracauer foi um pensador dotado da estranha capacidade de distinguir os contornos quase invisíveis e incipientes de tendências indicativas do futuro ainda perdidos numa massa disforme de modismos e idiossincrasias passageiros. Ainda no final da década de 1920, quando a iminente transformação da sociedade de produtores em sociedade de consumidores estava num estágio embrionário ou, na melhor das hipóteses, incipiente, e portanto passava despercebida a observadores menos atentos e perspicazes, ele havia notado que

> a corrida aos inúmeros salões de beleza nasce, em parte, de preocupações existenciais, e o uso de cosméticos nem sempre é um luxo. Por medo de caírem em desuso como obsoletos, senhoras e cavalheiros tingem o cabelo, enquanto quarentões praticam esportes para se manterem esguios. "Como posso ficar bela?", indaga o título de um folheto recém-lançado no mercado; os anúncios de jornal dizem que ele apresenta maneiras de "permanecer jovem e bonita agora e para sempre".[6]

Os hábitos emergentes que Kracauer registrou na década de 1920 como uma curiosidade berlinense digna de nota avançaram e se espalharam como fogo numa floresta, até se transformarem em rotina diária (ou pelo menos num sonho) por todo o planeta. Oitenta anos depois, Germaine Greer observava que "mesmo nos rincões mais distantes do noroeste da China, as mulheres deixavam de lado seus pijamas em favor de sutiãs acolchoados e saias insinuantes, faziam permanente e pintavam seus cabelos lisos, e economizavam para comprar cosméticos. Isso era chamado de liberalização."[7]

Meio século após Kracauer observar e descrever as novas paixões das mulheres berlinenses, outro notável pensador alemão, Jürgen Habermas, escrevendo à época em que a sociedade de produtores estava chegando ao final de seus dias, e portanto com o benefício da percepção *a posteriori*, apresentava a "comodificação do capital e do trabalho" como a principal função, a própria *raison d'être*, do Estado capitalista. Ele apontou que, se a reprodução da sociedade capitalista é obtida mediante encontros transnacionais interminavelmente repetidos entre o capital no papel de comprador e o trabalho no de mercadoria, então o Estado capitalista deve cuidar para que esses encontros ocorram com regularidade e atinjam seus propósitos, ou seja, culminem em transações de compra e venda.

---

[6] Kracauer, *Die Angestellen*, ensaios apresentados em série pela primeira vez no *Frankfurter Allgemeine Zeitung* em 1929, e depois publicados na forma de livro pela Suhrkamp em 1930.
[7] Germaine Greer, *The Future of Feminism*, Dr. J. Tans Lecture, Studium Generale Universiteit Maastricht, 2004, p.13.

No entanto, para que se alcance tal culminação em todos os encontros, ou ao menos em um número significativo deles, o capital deve ser capaz de pagar o preço corrente da mercadoria, estar disposto a fazê-lo e ser estimulado a agir de acordo com essa disposição – garantido por uma política de seguros endossada pelo Estado contra os riscos causados pelos notórios caprichos dos mercados de produtos. O trabalho, por outro lado, deve ser mantido em condição impecável, pronto para atrair o olhar de potenciais compradores, conseguir a aprovação destes e aliciá-los a comprar o que estão vendo. Assim como encorajar os capitalistas a gastarem seu dinheiro com mão de obra, torná-la atraente para esses compradores é pouco provável sem a ativa colaboração do Estado. As pessoas em busca de trabalho precisam ser adequadamente nutridas e saudáveis, acostumadas a um comportamento disciplinado e possuidoras das habilidades exigidas pelas rotinas de trabalho dos empregos que procuram.

Hoje em dia, déficits de poder e recursos afligem a maioria dos Estados-nação que luta para desempenhar a contento a tarefa da comodificação – déficits causados pela exposição do capital nativo à competição cada vez mais intensa resultante da globalização dos mercados de capitais, trabalho e mercadorias, e pela difusão planetária das modernas formas de produção e comércio, assim como dos déficits provocados pelos custos, em rápido crescimento, do "Estado de bem-estar social", esse instrumento supremo e talvez indispensável da comodificação do trabalho.

Aconteceu que, no caminho entre a sociedade de produtores e a sociedade de consumidores, as tarefas envolvidas na comodificação e recomodificação do capital e do trabalho passaram por processos simultâneos de *desregulamentação* e *privatização* contínuas, profundas e aparentemente irreversíveis, embora ainda incompletas.

A velocidade e o ritmo acelerado desses processos foram e continuam a ser tudo, menos uniformes. Na maioria dos países (embora não em todos), eles parecem muito menos radicais no caso do trabalho do que até agora o foram em relação ao capital, cujos novos empreendimentos continuam a ser estimulados – quase como regra – pelos cofres governamentais numa escala crescente e não reduzida. Além disso, a capacidade e a disposição do capital para comprar trabalho continuam sendo reforçadas com regularidade pelo Estado, que faz o possível para manter baixo o "custo da mão de obra" mediante o desmantelamento dos mecanismos de barganha coletiva e proteção do emprego, e pela imposição de freios jurídicos às ações defensivas dos sindicatos – e que com muita frequência mantêm a solvência das empresas taxando importações, oferecendo incentivos fiscais para exportações e subsidiando os dividendos dos acionistas por meio de comissões governamentais pagas com dinheiro público. ...

A tarefa da recomodificação do trabalho foi a mais afetada até agora pelos processos gêmeos da desregulamentação e da privatização. Essa tarefa está sendo excluída da responsabilidade governamental direta, mediante a "terceirização", completa ou parcial, do arcabouço institucional essencial à prestação de serviços cruciais para manter vendável a mão de obra (como no caso de escolas, habitações, cuidados com os idosos e um número crescente de serviços médicos). Assim, a preocupação de garantir a "vendabilidade" da mão de obra em massa é deixada para homens e mulheres como indivíduos (por exemplo: transferindo os custos da aquisição de habilidades profissionais para fundos privados – e pessoais), e estes são agora aconselhados por políticos e persuadidos por publicitários a usarem seus próprios recursos e bom senso para permanecerem no mercado, aumentarem seu valor mercadológico, ou pelo menos não o deixarem cair, e obterem o reconhecimento de potenciais compradores.

Tendo passado vários anos observando de perto (quase como participante) os mutáveis padrões de emprego nos setores mais avançados da economia norte-americana, Arlie Russell Hochschild descobriu e documentou tendências surpreendentemente semelhantes às encontradas na Europa e descritas de forma muito detalhada por Luc Boltanski e Eve Chiapello como o "novo espírito do capitalismo". A preferência, entre os empregadores, por empregados "flutuantes", descomprometidos, flexíveis, "generalistas" e, em última instância, descartáveis (do tipo "pau pra toda obra", em vez de especializados e submetidos a um treinamento estritamente focalizado), foi o mais seminal de seus achados. Nas palavras do próprio Hochschild:

> Desde 1997, um novo termo – "chateação zero"* – começou a circular em silêncio pelo Vale do Silício, terra natal da revolução informática nos Estados Unidos. Em sua origem, significava o movimento sem fricção de um objeto físico como uma bicicleta ou um skate. Depois foi aplicado a empregados que, independentemente de incentivos financeiros, trocavam com facilidade de emprego. Mais recentemente, passou a significar "descomprometido" ou "desobrigado". Um empregador "pontocom" pode comentar, com aprovação, sobre um empregado: "Ele é um chateação zero", querendo dizer que ele está disponível para assumir atribuições extras, responder a chamados de emergência, ou ser realocado a qualquer momento. Segundo Po Bronson, pesquisador da cultura do Vale do

---

* Em inglês, "zero drag". (N.T.)

Silício, "chateação zero é ótimo. Por algum tempo, os novos candidatos eram jocosamente indagados sobre seu 'coeficiente de chateação.'"[8]

Morar a alguma distância do Vale do Silício e/ou carregar o peso de uma mulher ou filho aumentam o "coeficiente de chateação" e reduzem as chances de emprego do candidato. Os empregadores desejam que seus futuros empregados nadem em vez de caminhar e pratiquem surfe em vez de nadar. O empregado ideal seria uma pessoa sem vínculos, compromissos ou ligações emocionais anteriores, e que evite estabelecê-los agora; uma pessoa pronta a assumir qualquer tarefa que lhe apareça e preparada para se reajustar e refocalizar de imediato suas próprias inclinações, abraçando novas prioridades e abandonando as adquiridas anteriormente; uma pessoa acostumada a um ambiente em que "acostumar-se" em si – a um emprego, habilidade ou modo de fazer as coisas – é algo malvisto e, portanto, imprudente; além de tudo, uma pessoa que deixará a empresa quando não for mais necessária, sem queixa nem processo. Uma pessoa que também considera as perspectivas de longo prazo, as trajetórias de carreira gravadas na pedra e qualquer tipo de estabilidade mais desconcertantes e assustadoras do que a ausência das mesmas.

A arte da "recomodificação" do trabalho em sua forma nova e atualizada é singularmente imprópria para ser aprendida a partir da pesada burocracia governamental, notoriamente inerte, presa à tradição, resistente à mudança e amante da rotina. E essa burocracia é particularmente imprópria para cultivá-la, ensiná-la e inculcá-la. É melhor deixar esse trabalho para os mercados de consumo, já conhecidos por sua perícia em treinar seus clientes em artes similares e por florescerem a partir disso. E assim se faz. Transferir para o mercado a tarefa de recomodificar o trabalho é o significado mais profundo da conversão do Estado ao culto da "desregulamentação" e da "privatização".

O mercado de trabalho é um dos muitos mercados de produtos em que se inscrevem as vidas dos indivíduos; o preço de mercado da mão de obra é apenas um dos muitos que precisam ser acompanhados, observados e calculados nas atividades da vida individual. Mas em todos os mercados valem as mesmas regras.

Primeira: o destino final de toda mercadoria colocada à venda é ser consumida por compradores. Segunda: os compradores desejarão obter mercadorias para consumo se, e apenas se, consumi-las for algo que prometa satisfazer seus desejos. Terceira: o preço que o potencial consumidor em busca de satisfação está preparado para pagar pelas mercadorias em oferta dependerá da credibilidade dessa promessa e da intensidade desses desejos.

---

[8] Ver Arlie Russell Hochschild, *The Time Bind: When Work Becomes Home and Home becomes Work*, Henry Holt, 1997, p.xviii-xix.

Os encontros dos potenciais consumidores com os potenciais objetos de consumo tendem a se tornar as principais unidades na rede peculiar de interações humanas conhecida, de maneira abreviada, como "sociedade de consumidores". Ou melhor, o ambiente existencial que se tornou conhecido como "sociedade de consumidores" se distingue por uma reconstrução das relações humanas a partir do padrão, e à semelhança, das relações entre os consumidores e os objetos de consumo. Esse feito notável foi alcançado mediante a anexação e colonização, pelos mercados de consumo, do espaço que se estende entre os indivíduos – esse espaço em que se estabelecem as ligações que conectam os seres humanos e se erguem as cercas que os separam.

Numa enorme distorção e perversão da verdadeira substância da revolução consumista, a sociedade de consumidores é com muita frequência representada como se estivesse centralizada em torno das relações entre o consumidor, firmemente estabelecido na condição de sujeito cartesiano, e a mercadoria, designada para o papel de objeto cartesiano, ainda que nessas representações o centro de gravidade do encontro sujeito-objeto seja transferido, de forma decisiva, da área da contemplação para a esfera da atividade. Quando se trata de atividade, o sujeito cartesiano pensante (que percebe, examina, compara, calcula, atribui relevância e torna inteligível) se depara – tal como ocorreu durante a contemplação – com uma multiplicidade de objetos espaciais (de percepção, exame, comparação, cálculo, atribuição de relevância, compreensão), mas agora também com a tarefa de *lidar* com eles: movimentá-los, apropriar-se deles, usá-los, descartá-los.

O grau de soberania em geral atribuído ao sujeito para narrar a atividade de consumo é questionado e posto em dúvida de modo incessante. Como Don Slater assinalou com precisão, o retrato dos consumidores pintado nas descrições eruditas da vida de consumo varia entre os extremos de "patetas e idiotas culturais" e "heróis da modernidade". No primeiro polo, os consumidores são representados como o oposto de agentes soberanos: ludibriados por promessas fraudulentas, atraídos, seduzidos, impelidos e manobrados de outras maneiras por pressões flagrantes ou sub-reptícias, embora invariavelmente poderosas. No outro extremo, o suposto retrato do consumidor encapsula todas as virtudes pelas quais a modernidade deseja ser louvada – como a racionalidade, a forte autonomia, a capacidade de autodefinição e de autoafirmação violenta. Tais retratos representam um portador de "determinação e inteligência heroicas que podem transformar a natureza e a sociedade e submetê-las à autoridade dos desejos dos indivíduos, escolhidos livremente no plano privado".[9]

---

[9] Don Slater, *Consumer Culture and Modernity*, Polity, 1997, p.33.

A questão, porém, é que em ambas as versões – quer sejam apresentados como patetas da publicidade ou heroicos praticantes do impulso autopropulsor para a autoridade – os consumidores são removidos e colocados fora do universo de seus potenciais objetos de consumo. Na maioria das descrições, o mundo formado e sustentado pela sociedade de consumidores fica claramente dividido entre as *coisas a serem escolhidas* e *os que as escolhem*; as mercadorias e seus consumidores: as coisas a serem consumidas e os seres humanos que as consomem. Contudo, a sociedade de consumidores é o que é precisamente por não ser nada desse tipo. O que a separa de outras espécies de sociedade é exatamente o *embaçamento* e, em última instância, a *eliminação* das divisões citadas acima.

Na sociedade de consumidores, ninguém pode se tornar sujeito sem primeiro virar mercadoria, e ninguém pode manter segura sua subjetividade sem reanimar, ressuscitar e recarregar de maneira perpétua as capacidades esperadas e exigidas de uma mercadoria vendável. A "subjetividade" do "sujeito", e a maior parte daquilo que essa subjetividade possibilita ao sujeito atingir, concentra-se num esforço sem fim para ela própria se tornar, e permanecer, uma mercadoria vendável. A característica mais proeminente da sociedade de consumidores – ainda que cuidadosamente disfarçada e encoberta – é a *transformação dos consumidores em mercadorias*; ou antes, sua dissolução no mar de mercadorias em que, para citar aquela que talvez seja a mais citada entre as muitas sugestões citáveis de Georg Simmel, os diferentes significados das coisas, "e portanto as próprias coisas, são vivenciados como imateriais", aparecendo "num tom uniformemente monótono e cinzento" – enquanto tudo "flutua com igual gravidade específica na corrente constante do dinheiro".[10] A tarefa dos consumidores, e o principal motivo que os estimula a se engajar numa incessante atividade de consumo, é sair dessa invisibilidade e imaterialidade cinza e monótona, destacando-se da massa de objetos indistinguíveis "que flutuam com igual gravidade específica" e assim captar o olhar dos consumidores (*blasé!*)...

O primeiro álbum gravado por Corinne Bailey Rae, cantora de 27 anos nascida em Leeds e contratada em 2005 por um homem do Departamento de Artistas & Repertório da EMI, ganhou o disco de platina em apenas quatro meses.[11] Um fato extraordinário. Uma em cada um milhão ou centenas de

---

[10] Georg Simmel, "Die Grosstädte und das Geistesleben" (1902-03), aqui citado na tradução de Kurt H. Wolff, "Metropolis and mental life", n Richard Sennett (org.), *Classic Essays on the Culture of Cities*, Appleton-Century-Crofts, 1969, p.52.

[11] Ver entrevista de Bryan Gordon, *Observer Magazine*, 21 maio 2006, p.20-4.

milhões de pessoas chegam ao estrelato depois de uma breve aparição numa banda independente e de um emprego como atendente numa boate de música *soul*. Uma probabilidade não maior, talvez ainda menor, do que a de ganhar na loteria (mas observemos que, semana após semana, milhões de pessoas continuam comprando bilhetes lotéricos). "Minha mãe é professora de uma escola primária", disse Corinne a um entrevistador, "e quando ela pergunta aos meninos o que eles querem ser quando crescer, eles dizem: 'Famoso.' Ela pergunta por que motivo e eles respondem: 'Não sei, só quero ser famoso.'"

Nesses sonhos, "ser famoso" não significa nada mais (mas também nada menos!) do que aparecer nas primeiras páginas de milhares de revistas e em milhões de telas, ser visto, notado, comentado e, portanto, presumivelmente *desejado* por muitos – assim como sapatos, saias ou acessórios exibidos nas revistas luxuosas e nas telas de TV, e por isso vistos, notados, comentados, desejados... "Há mais coisas na vida além da mídia", observa Germaine Greer, "mas não muito ... Na era da informação, a invisibilidade é equivalente à morte." A recomodificação constante, ininterrupta, é para a mercadoria. Logo, também para o consumidor, equivale ao que é o metabolismo para os organismos vivos.

Além de sonhar com a fama, outro sonho, o de não mais se dissolver e permanecer dissolvido na massa cinzenta, sem face e insípida das mercadorias, de se tornar uma mercadoria notável, notada e cobiçada, uma mercadoria comentada, que se destaca da massa de mercadorias, impossível de ser ignorada, ridicularizada ou rejeitada. Numa sociedade de consumidores, tornar-se uma mercadoria desejável e desejada é a matéria de que são feitos os sonhos e os contos de fadas.

Escrevendo de dentro da incipiente sociedade de produtores, Karl Marx censurou os economistas da época pela falácia do "fetichismo da mercadoria": o hábito de, por ação ou omissão, ignorar ou esconder a interação humana por trás do movimento das mercadorias. *Como se* estas, por conta própria, travassem relações entre si a despeito da mediação humana. A descoberta da compra e venda da capacidade de trabalho como a essência das "relações industriais" ocultas no fenômeno da "circulação de mercadorias", insistiu Marx, foi tão chocante quanto revolucionária: um primeiro passo rumo à restauração da substância humana na realidade cada vez mais desumanizada da exploração capitalista.

Um pouco mais tarde, Karl Polanyi abriria outro buraco na ilusão provocada pelo fetichismo da mercadoria: sim, diria ele, a capacidade de trabalho era vendida e comprada *como se* fosse uma mercadoria como outra qualquer, mas não, insistiria Polanyi, a capacidade de trabalho *não era nem poderia ser* uma mercadoria "como" outra qualquer. A impressão de que o trabalho era pura e simplesmente uma mercadoria só podia ser uma grande mistificação do verdadeiro estado das coisas, já que a "capacidade de trabalho" não pode ser comparada nem vendida em separado de seus portadores. De maneira distinta de outras mercadorias, os compradores não podem levar sua compra para casa. O que compraram não se torna sua propriedade exclusiva e incondicional, e eles não estão livres para *utere et abutere* (usar e abusar) dela à vontade, como estão no caso de outras aquisições. A transação que parece "apenas comercial" ... inevitavelmente liga portadores e compradores num vínculo *mútuo* e numa *inter*dependência estreita. No mercado de trabalho, um relacionamento humano nasce de cada transação *comercial*; cada contrato de trabalho é outra refutação do fetichismo da mercadoria, e na sequência de cada transação logo aparecem provas de sua falsidade, assim como da ilusão ou autoilusão subsequente.

Se foi o destino do *fetichismo da mercadoria* ocultar das vistas a substância demasiado humana da sociedade de *produtores*, é papel do fetichismo da subjetividade ocultar a realidade demasiado comodificada da sociedade de *consumidores*.

A "subjetividade" numa sociedade de consumidores, assim como a "mercadoria" numa sociedade de produtores, é (para usar o oportuno conceito de Bruno Latour) um *fatiche** – um produto profundamente humano elevado à categoria de autoridade sobre-humana mediante o esquecimento ou a condenação à irrelevância de suas origens demasiado humanas, juntamente com o conjunto de ações humanas que levaram ao seu aparecimento e que foram condição *sine qua non* para que isso ocorresse. No caso da mercadoria na sociedade de produtores, foi o ato de comprar e vender sua capacidade de trabalho que, ao dotá-la de um valor de mercado, transformou o produto do trabalho numa mercadoria – de uma forma não visível (e sendo oculta) na aparência de uma interação autônoma de mercadorias. No caso da subjetividade na sociedade de consumidores, é a vez de comprar e vender os símbolos empregados na construção da identidade – a expressão supostamente pública do "self" que na verdade é o "simulacro" de Jean Baudrillard, colocando a "representação" no lugar daquilo que ela deveria representar –, a serem eliminados da aparência do produto final.

A "subjetividade" dos consumidores é feita de opções de compra – opções assumidas pelo sujeito e seus potenciais compradores; sua descrição adquire a forma de uma lista de compras. O que se supõe ser a materialização da verdade interior do self é uma idealização dos traços materiais – "objetificados" – das escolhas do consumidor.

...

---

* No original, *faitishe*. (N.T.)

Nas lojas, as mercadorias são acompanhadas por respostas para todas as perguntas que seus potenciais compradores poderiam desejar fazer antes de tomarem a decisão de adquiri-las, mas elas próprias se mantêm educadamente silenciosas e não fazem perguntas, muito menos embaraçosas. As mercadorias confessam tudo que há para ser confessado, e ainda mais – sem exigir reciprocidade. Mantêm-se no papel de "objeto" cartesiano – totalmente dóceis, matérias obedientes a serem manejadas, moldadas e colocadas em bom uso pelo onipotente sujeito. Pela simples docilidade, elevam o comprador à categoria de sujeito soberano, incontestado e desobrigado – uma categoria nobre e lisonjeira que reforça o ego. Desempenhando o papel de objetos de maneira impecável e realista o bastante para convencer, os bens do mercado suprem e reabastecem, de forma perpétua, a base epistemológica e praxiológica do "fetichismo da subjetividade".

Como compradores, fomos adequadamente preparados pelos gerentes de marketing e redatores publicitários a desempenhar o papel de sujeito – um faz de conta que se experimenta como verdade viva; um papel desempenhado como "vida real", mas que com o passar do tempo afasta essa vida real, despindo-a, nesse percurso, de todas as chances de retorno. E à medida que mais e mais necessidades da vida, antes obtidas com dificuldade, sem o luxo do serviço de intermediação proporcionado pelas redes de compras, tornam-se "comodizados" (a privatização do fornecimento de água, por exemplo, levando invariavelmente à água engarrafada nas prateleiras das lojas), as fundações do "fetichismo da subjetividade" são ampliadas e consolidadas. Para completar a versão popular e revista do *cogito* de Descartes, "Compro, logo sou...", deveria ser acrescentado "um sujeito". E à medida que o tempo gasto em compras se torna mais longo (fisicamente ou em pensamento, em carne e osso ou eletronicamente), multiplicam-se as oportunidades para se fazer esse acréscimo.

Entrar na web para escolher/comprar um parceiro segue a mesma tendência mais ampla das compras pela internet. Cada vez mais pessoas preferem comprar em websites do que em lojas. Conveniência (entrega em domicílio) e economia de gasolina compõem a explicação imediata, embora parcial. O conforto espiritual obtido ao se substituir um vendedor pelo monitor é igualmente importante, se não mais.

Um encontro face a face exige o tipo de habilidade social que pode inexistir ou se mostrar inadequado em certas pessoas, e um diálogo sempre significa se expor ao desconhecido: é como se tornar refém do destino. É tão mais reconfortante saber que é a minha mão, só ela, que segura o mouse e o meu dedo, apenas ele, que repousa sobre o botão. Nunca vai acontecer de um inadvertido (e incontrolado!) trejeito em meu rosto ou uma vacilante mas reveladora expressão de desejo deixar vazar e trair para a pessoa do outro lado do diálogo um volume maior de meus pensamentos ou intenções mais íntimas do que eu estava preparado para divulgar.

Em *Soziologie der Sinne*, "Sociologia dos sentidos", Georg Simmel observa que o olhar que dirijo inadvertidamente a outra pessoa revela meu próprio eu. O olhar que dirijo na esperança de obter um lampejo de seu estado mental e/ou de seu coração tende a ser expressivo, e as emoções mais íntimas mostradas dessa maneira não podem ser refreadas ou camufladas com facilidade – a menos que eu seja um ator profissional bastante treinado. Faz sentido, portanto, imitar o suposto hábito do avestruz de enterrar a cabeça na areia e desviar ou baixar os olhos. Não olhando o outro nos olhos, torno meu eu interior (para ser mais exato, meus pensamentos e emoções mais íntimos) invisível, inescrutável...

Agora, na era dos desktops, laptops, dispositivos eletrônicos e celulares que cabem na palma da mão, a maioria de nós tem uma quantidade mais do que suficiente de areia para enterrar a cabeça. Não precisamos mais nos preocupar com a habilidade superior do vendedor para ler rostos, com seu poder de persuasão ou com nossos momentos de fraqueza. Meus temores e esperanças, desejos e dúvidas continuarão sendo o que devem ser: meus e apenas meus. Não vou me apressar em pressionar as teclas "compre agora" e "confirme" antes de ter coletado, listado e examinado todos os "prós" e "contras" das diversas escolhas possíveis. Enquanto eu continuar seguindo dessa maneira prudente, a hora da avaliação, de dar a sentença, aquele ponto sem retorno com desculpas do tipo "tarde demais para reconsiderar", "não há como voltar atrás" e "não é possível recomeçar", é mantido a distância. Sou o único no comando. Sinto-me protegido dos complôs e subterfúgios dos desconhecidos e impenetráveis outros – mas também de mim mesmo, de um aspecto que esteja me escapando, de agir "impulsivamente", de uma forma que posso vir a lamentar – não tenho como saber – pelo resto da vida. Isso se aplica à compra de carros, cortadores de grama, *home theaters*, laptops ou a uma viagem de férias. Por que não se aplicaria à aquisição de parceiros?

E por fim, num mundo em que uma novidade tentadora corre atrás da outra a uma velocidade de tirar o fôlego, num mundo de incessantes novos começos, viajar esperançoso parece mais seguro e muito mais encantador do que a perspectiva da chegada: a alegria está toda nas compras, enquanto a aquisição em si, com a perspectiva de ficar sobrecarregado com seus efeitos diretos e colaterais possivelmente incômodos e inconvenientes, apresenta uma alta probabilidade de frustração, dor e remorso. E como as lojas da internet permanecem abertas o tempo todo, pode-se esticar à vontade o tempo de satisfação não contaminada por qualquer preocupação com frustrações futuras. Uma escapada para fazer compras não precisa ser uma excursão muito planejada – pode ser fragmentada numa série de agradáveis momentos de excitação, profusamente borrifados sobre todas as outras atividades existenciais, acrescentando cores brilhantes aos recantos mais sombrios ou monótonos.

O problema, evidentemente, é que procurar um *parceiro* não se encaixa muito bem no esquema comprar-e-pagar – muito menos uma *companhia para a vida*.

A ajuda que pode ser dada pela internet na eterna guerra preventiva contra os riscos e ansiedades que enchem até as bordas a vida de um selecionador em uma sociedade de selecionadores tende a permanecer limitada e com uma sensação do tipo "até certo ponto". Pode aplacar algumas ansiedades do pesquisador enquanto dura a pesquisa, mas não vai ultrapassar o momento de realização a que se espera e deseja que conduza a viagem de descoberta, e do qual se acredita que ela extraia sua atração e motivo. Tal como o fetichismo da mercadoria que assombrava a sociedade de produtores, o fetichismo da subjetividade que assombra a sociedade de consumidores se baseia, em última instância, numa ilusão.

O poder produtivo dos produtores não poderia ser isolado dos próprios produtores, dos quais era o poder inalienável. Um custo invisível, embora pesado e inescapável, da transação de compra e venda de mão de obra era, portanto, um laço complexo, multifacetado e, acima de tudo, *recíproco*, ligando compradores e vendedores enquanto durasse o processo de produção a que a força de trabalho adquirida deveria servir. Esse vínculo significava que era precipitada a conclusão de que haveria uma longa, talvez interminável, cadeia de choques de interesses, fortes antagonismos ou inimizades abertas, escaramuças diárias e longas guerras de reconhecimento. É mais ou menos a mesma história quando se trata da compra de uma "força de prazer": ainda que sejam listadas no site da agência de encontros da maneira mais completa e honesta, as fantásticas *qualidades* prazerosas procuradas pelos surfistas da internet em seus parceiros potenciais, e pelas quais são orientadas suas escolhas, não podem ser isoladas das *pessoas* que as possuem, da mesma forma que a força de trabalho não podia ser separada dos produtores a que pertencia.

De maneira distinta da ficção eletronicamente improvisada a partir de uma série de atributos pré-selecionados, a pessoa real é dotada de uma língua para falar e de ouvidos para escutar. Deseja que o parceiro eleito olhe em seus olhos e se disponha a expor seus próprios olhos ao exame do outro, tem emoções esperando para serem despertadas, assim como a capacidade de despertá-las, e uma biografia apenas sua, juntamente com uma personalidade, expectativas e um modelo de felicidade biograficamente moldados: nada que lembre nem de longe o passivo, dócil, submisso e maleável "objeto" cartesiano. A maldição da mútua "atoria" (aquela mistura "impura" do "ator" com o "autor", muito provavelmente incapaz de ser purificada em função do irredutível poder autoral de todos os atores e da virtual impossibilidade de "reiterações puras" de movimentos padronizados) vai tirar a máscara da ilusão da "subjetividade pura". Nenhum conjunto de precauções pode mudar esse fato ou "purgar" a relação dessa maldição: ela vai pairar sobre a série de tentativas dedicadas e engenhosas de mudá-la, não importa quanto durem.

Há limites até onde se pode estender a "soberania do consumidor" prometida pela sociedade dos consumidores – limites intransponíveis –, e de cada encontro entre seres humanos esses limites tendem a emergir fortalecidos, apesar (ou por causa) das pressões para retraçá-los.

O fetichismo da subjetividade, tal como, antes dele, o fetichismo da mercadoria, baseia-se numa mentira, e assim é pela mesma razão de seu predecessor – ainda que as duas variedades de fetichismo centralizem duas operações encobertas em lados opostos da dialética sujeito-objeto entranhada na condição existencial humana. Ambas as variações tropeçam e caem diante do mesmo obstáculo: a teimosia do sujeito humano, que resiste bravamente às repetidas tentativas de objetificá-lo.

Na sociedade de consumidores, a dualidade sujeito-objeto tende a ser incluída sob a dualidade consumidor-mercadoria. Nas relações humanas, a soberania do sujeito é, portanto, reclassificada e representada como a soberania do consumidor – enquanto a resistência ao objeto, derivada de sua soberania não inteiramente suprimida, embora rudimentar, é oferecida à percepção como a inadequação, inconsistência ou imperfeição de uma mercadoria mal escolhida.

O consumismo dirigido para o mercado tem uma receita para enfrentar esse tipo de inconveniência: a troca de uma mercadoria defeituosa, ou apenas imperfeita e não plenamente satisfatória, por uma nova e aperfeiçoada. A receita tende a ser reapresentada como um estratagema a que os consumidores experientes recorrem automaticamente de modo quase irrefletido, a partir de um hábito aprendido e interiorizado. Afinal de contas, nos mercados de consumidores-mercadorias, a necessidade de substituir objetos de consumo "defasados", menos que plenamente satisfatórios e/ou não mais desejados está inscrita no design dos produtos e nas campanhas publicitárias calculadas para o crescimento constante das vendas. A curta expectativa de vida de um produto na prática e na utilidade proclamada está incluída na estratégia de marketing e no cálculo de lucros: tende a ser preconcebida, prescrita e instilada nas práticas dos consumidores mediante a apoteose das novas ofertas (de hoje) e a difamação das antigas (de ontem).

Entre as maneiras com que o consumidor enfrenta a insatisfação, a principal é descartar os objetos que a causam. A sociedade de consumidores desvaloriza a durabilidade, igualando "velho" a "defasado", impróprio para continuar sendo utilizado e destinado à lata de lixo. É pela alta taxa de desperdício, e pela decrescente distância temporal entre o brotar e o murchar do desejo, que o fetichismo da subjetividade se mantém vivo e digno de crédito, apesar da interminável série de desapontamentos que ele causa. A sociedade de consumidores é impensável sem uma florescente indústria de remoção do lixo. Não se espera dos consumidores que jurem lealdade aos objetos que obtêm com a intenção de consumir. 🙶

QUESTÕES E TEMAS PARA DISCUSSÃO

1. Explore a imagem de "confessionários eletrônicos portáteis" que Bauman usa para descrever os instrumentos preferenciais usados, na contemporaneidade "líquida", para a exposição da individualidade.
2. Contraste as noções de "fetichismo da mercadoria" (Marx) com a de "fetichismo da subjetividade" (Bauman).

LEITURAS SUGERIDAS

Bauman, Zygmunt. *Tempos líquidos*. Rio de Janeiro, Zahar, 2007.
____. *Vida para consumo: a transformação das pessoas em mercadoria*. Rio de Janeiro, Zahar, 2008.

10. Da sociologia como um artesanato intelectual, por C. Wright Mills

Para compreendermos o que são os "métodos de pesquisa" é útil lembrarmos a origem grega da palavra *métodos*: uma via, uma rota, uma maneira ou um modo de fazer as coisas. Nesse sentido, a pesquisa sociológica vale-se de diferentes métodos para responder às perguntas que se colocam. Não há uma única "receita": na expressão do sociólogo americano Charles Wright Mills (1916-1962), a ciência social é um ofício, um artesanato intelectual.

Mills produziu uma obra original, influenciado tanto pela tradição weberiana quanto pela marxista. Foi autor de importantes livros sobre a sociedade americana, como *White Collar: The American Middle Class* (1951, publicado no Brasil como *A nova classe média*) e *The Power Elite* (1956, *A elite do poder*). Escreveu também *The Sociological Imagination* (1959, *A imaginação sociológica*).

Neste último livro, Mills incluiu um famoso apêndice, "Sobre o artesanato intelectual", do qual foi retirado o texto deste capítulo. O "artesão intelectual" de que trata Mills deve ser visto como um "tipo ideal", no sentido weberiano do termo – algo que não é encontrado em forma "pura" na realidade social, mas que, construído pelo pesquisador a partir do exagero de algumas propriedades de determinado fenômeno, nos ajuda a compreendê-lo.

Para Mills, ver o trabalho de pesquisa como um ofício ressalta a importância da dimensão existencial na formação do pesquisador. Mills enfatiza, assim, a indissociabilidade, para o "artesão intelectual", entre sua vida e seu trabalho.

SOBRE O ARTESANATO INTELECTUAL

C. Wright Mills

> Para o cientista social individual que se sente parte da tradição clássica, a ciência social é a prática de um ofício. Homem dedicado a questões importantes, ele está entre aqueles que ficam rapidamente impacientes e entediados com discussões complicadas sobre método e teoria em geral; muito disso interrompe seus verdadeiros estudos. É melhor, ele acredita, que um estudioso ativo relate como está se saindo em seu trabalho do que ter uma dúzia de "codificações de procedimento" estabelecidas por especialistas que, o mais das vezes, nunca fizeram muitos trabalhos importantes. Somente através de conversas em que pensadores experientes trocam informações sobre suas maneiras efetivas de trabalhar é possível comunicar uma noção útil de método e teoria ao estudioso iniciante. Parece-me válido, portanto, relatar com algum detalhe como procedo em meu ofício. Este é necessariamente um relato pessoal, mas escrito na esperança de que outros, em especial aqueles que estão iniciando um trabalho independente, o tornem menos pessoal através dos fatos de sua própria experiência.

1 | É melhor começar, acredito, lembrando a você, o estudioso iniciante, que os mais admiráveis pensadores da comunidade acadêmica em que decidiu ingressar não separam seu trabalho de suas vidas. Parecem levá-los ambos a sério demais para admitir tal dissociação, e querem usar uma coisa para o enriquecimento da outra. Essa separação, claro, é a convenção predominante entre os homens em geral, originando-se, suponho, do vazio do trabalho que os homens em geral fazem hoje. Mas você reconhecerá que, como intelectual, tem a oportunidade excepcional de planejar um modo de vida que encorajará os hábitos da boa produção. O conhecimento é uma escolha tanto de um modo de vida quanto de uma carreira; quer o saiba ou não, o trabalhador intelectual forma-se a si próprio à medida que trabalha para o aperfeiçoamento de seu ofício; para realizar suas próprias potencialidades, e quaisquer oportunidades que surjam em seu caminho, ele constrói um caráter que tem como núcleo as qualidades do bom trabalhador.

Isto significa que deve aprender a usar sua experiência de vida em seu trabalho intelectual: examiná-la e interpretá-la continuamente. Neste sentido, o artesanato é o centro de você mesmo, e você está pessoalmente envolvido em cada produto intelectual em que possa trabalhar. Dizer que você pode "ter experiência" significa, por exemplo, que seu passado influencia e afeta seu presente, e que ele define sua capacidade de experiência futura. Como cientista social, é preciso controlar esta ação recíproca bastante complexa, apreender o que experiencia e classificá-lo; somente dessa maneira pode esperar usá-lo para guiar e testar sua reflexão e, nesse processo, moldar a si mesmo como um artesão intelectual. Mas como fazer isso? Uma resposta é que você deve organizar um arquivo, o que é, suponho, a maneira de um sociólogo dizer: mantenha um diário. Muitos escritores criativos mantêm diários; a necessidade de reflexão sistemática em que o sociólogo se vê exige isso.

Num arquivo como o que vou descrever, há uma combinação de experiência pessoal e atividades profissionais, estudos em curso e estudos planejados. Nesse arquivo, você, como um artesão, tentará reunir o que está fazendo intelectualmente e o que está experimentando como pessoa. Aqui, não terá receio de usar sua experiência e relacioná-la diretamente a vários trabalhos em andamento. Servindo como um controle ao trabalho repetitivo, seu arquivo lhe permite conservar sua energia. Estimula-o também a apreender "pensamentos marginais": várias ideias que podem ser subprodutos da vida cotidiana, fragmentos de conversas entreouvidas na rua, ou mesmo sonhos. Uma vez anotadas, essas coisas podem levar a pensamentos mais sistemáticos, bem como emprestar relevância intelectual a experiências mais diretas.

Você deve ter notado muitas vezes com que cuidado pensadores bem-sucedidos tratam suas próprias mentes, com que atenção observam seu próprio desenvolvimento e organizam sua experiência. A razão por que valorizam suas menores experiências é que, no curso de uma vida, o homem moderno tem tão pouca experiência pessoal, e não obstante a experiência é tão importante como fonte de trabalho intelectual original. Ser capaz de confiar na própria experiência, sendo ao mesmo tempo cético em relação a ela é, acredito, uma marca do trabalhador maduro. Essa confiança ambígua é indispensável para a originalidade em qualquer busca intelectual, e o arquivo é uma maneira pela qual você pode desenvolver e justificar essa confiança.

Mantendo um arquivo adequado e desenvolvendo assim hábitos autorreflexivos, você aprende como manter seu mundo interior desperto. Sempre que tiver sentimentos fortes sobre eventos ou ideias, deve tentar impedir que se dissipem de sua mente, tratando ao contrário de formulá-los em seus arquivos e, ao fazê-lo, extrair suas implicações, mostrar para si mesmo como esses sentimentos ou ideias são tolos, ou como poderiam ser articulados de maneira produtiva. O arquivo o ajuda também a formar o hábito de escrever. Você não poderá adquirir esse hábito se não escrever alguma coisa pelo menos uma vez por semana. Ao desenvolver o arquivo, pode fazer experiências como escritor e assim, como se diz, desenvolver sua capacidade de expressão. Manter um arquivo é empenhar-se na experiência controlada.

Uma das piores coisas que acontecem com cientistas sociais é que só sentem necessidade de escrever sobre seus "planos" numa única ocasião: quando vão pedir dinheiro para uma pesquisa específica, ou "um projeto". É na forma de um pedido de recursos que se faz a maior parte do "planejamento", ou pelo menos se escreve cuidadosamente sobre ele. Embora esta seja a prática usual, penso que é muito ruim: está fadada em algum grau a ser publicidade de vendedor e, dadas as expectativas prevalecentes, resultará muito provavelmente em pretensões meticulosas; é provável que o projeto seja "apresentado" de uma maneira arbitrariamente "arredondada" muito antes do que deveria; é muitas vezes algo maquinado, destinado a obter o dinheiro para propósitos velados, por valiosos que sejam, bem como para a pesquisa apresentada. Um cientista social praticante deveria rever periodicamente "o estado de meus problemas e planos". Um jovem, desde o início de seu trabalho independente, deve refletir sobre isso, mas não se pode esperar – e ele próprio não deveria fazê-lo – que vá muito longe com nenhum plano único, e decerto não deveria ficar rigidamente comprometido com ele. Quase tudo o que pode fazer é organizar sua tese, que infelizmente é muitas vezes seu primeiro trabalho de alguma extensão supostamente independente. É quando você está mais ou menos na metade do tempo de que dispõe para o trabalho, ou já fez cerca de um terço, que esse tipo de revisão tem maior probabilidade de ser frutífero – e talvez até de interesse para outros.

Qualquer cientista social ativo que já avançou bastante em seu caminho deve ter tantos planos, isto é, ideias, que a questão é sempre: com qual deles vou, ou devo, trabalhar em seguida? E deveria manter um pequeno arquivo especial para sua agenda principal, que escreve e reescreve apenas para si mesmo e talvez para discutir com amigos. De tempos em tempos, deve rever isso de maneira muito cuidadosa e determinada, e por vezes, também, quando está relaxado.

Esse tipo de procedimento é um dos meios indispensáveis pelo qual seu empreendimento intelectual é mantido orientado e sob controle. Um intercâmbio corrente, informal, dessas revisões do "estado de meus problemas" entre cientistas sociais ativos é, eu sugiro, a única base para uma descrição adequada dos "principais problemas da ciência social". É improvável que em qualquer comunidade intelectual livre haja, e certamente não deveria haver, nenhuma disposição "monolítica" de problemas Numa comunidade assim, caso ela estivesse florescendo de maneira vigorosa, haveria interlúdios de discussão entre indivíduos sobre o trabalho futuro. Três tipos de interlúdios – sobre problemas, métodos, teorias – deveriam resultar do trabalho de cientistas sociais, e conduzir a ele novamente; deveriam ser moldados por trabalho em andamento e, em alguma medida, guiar esse trabalho. É para interlúdios como esses que uma associação profissional encontra sua razão intelectual de ser. E é para eles também que seu próprio arquivo é necessário.

Sob vários tópicos em seu arquivo há ideias, anotações pessoais, excertos de livros, itens bibliográficos e esboços de projetos. Isto é, suponho, uma questão de hábito arbitrário, mas penso que você julgará conveniente classificar todos esses itens num arquivo principal de "projetos", com muitas subdivisões. Os tópicos mudam, é claro, por vezes com grande frequência. Por exemplo, como um estudante que se prepara para o exame de qualificação escreve uma tese e, ao mesmo tempo, faz alguns trabalhos de fim de curso, seus arquivos serão arranjados nessas três áreas de esforço. Mas, após um ou dois anos de pós-graduação, você começará a reorganizar todo o arquivo em relação ao projeto principal de sua tese. Depois, à medida que desenvolver seu trabalho, notará que nenhum projeto único jamais o domina, ou estabelece as categorias principais em que ele é arranjado. De fato, o uso do arquivo estimula a expansão das categorias que você usa em seu raciocínio. E o modo como essas categorias mudam, algumas sendo abandonadas e outras sendo acrescentadas, é um indicador de seu progresso e amplitude intelectual. Finalmente, os arquivos passarão a ser arranjados segundo vários grandes projetos, tendo muitos subprojetos que mudam de ano para ano.

Tudo isto envolve a tomada de notas. Você terá de adquirir o hábito de tomar um grande volume de notas de qualquer livro de valor que leia – embora, devo dizer, talvez seja inspirado a um trabalho melhor quando lê livros realmente ruins. O primeiro passo na tradução de experiências, seja da escrita de outra pessoa ou de sua própria vida, para a esfera intelectual é dar-lhe forma. A mera nomeação de um item de experiência muitas vezes o convida a explicá-lo; a mera anotação feita a partir de um livro é muitas vezes um estímulo à reflexão. Ao mesmo tempo, é claro, fazer uma anotação é de grande ajuda para sua compreensão do que está lendo.

Suas anotações podem vir a ser, como as minhas, de dois tipos: ao ler certos livros muito importantes, você tenta apreender a estrutura da argumentação do autor, e toma notas de acordo com isso; com maior frequência, porém, e depois de alguns anos de trabalho independente, em vez de ler livros inteiros, você lê muitas vezes partes de muitos livros do ponto de vista de algum tema ou tópico particular em que está interessado e com relação ao qual tem planos em seu arquivo. Portanto, tomará notas que não representam propriamente os livros que lê. Estará *usando* tal ideia particular, tal fato particular, para a realização de seus próprios projetos.

2 | Como esse arquivo – que até agora você deve achar mais parecido com uma curiosa espécie de diário "literário" – é usado na produção intelectual? A manutenção de um arquivo assim *é* produção intelectual. É um repertório sempre crescente de fatos e ideias, desde os mais vagos aos mais acabados. Por exemplo, a primeira coisa que fiz após decidir iniciar um estudo sobre a elite foi elaborar um esquema tosco baseado numa lista de tipos de pessoas que eu queria compreender.

Exatamente como e por que eu decidi fazer esse estudo pode sugerir uma maneira pela qual nossas experiências de vida alimentam nosso trabalho intelectual. Não me lembro quando passei a me interessar tecnicamente por "estratificação", mas creio que deve ter sido ao ler Veblen pela primeira vez. Ele sempre me parecera muito impreciso, até vago, acerca de sua utilização dos termos "comercial" e "industrial", que são uma espécie de tradução de Marx para o público acadêmico americano. De todo modo, escrevi um livro sobre organizações trabalhistas e líderes trabalhistas – um empreendimento politicamente motivado; depois um livro sobre as classes médias –, um empreendimento motivado principalmente pelo desejo de expressar minha própria experiência na cidade de Nova York desde 1945. Logo a seguir, amigos sugeriram que eu completasse uma trilogia escrevendo um livro sobre as classes superiores. Creio que a possibilidade estivera em minha mente; eu havia lido Balzac de maneira esporádica, especialmente durante os anos 1940, e ficara muito seduzido pela tarefa que ele se atribuíra de "cobrir" todas as classes e tipos principais da sociedade de sua época. Eu também havia escrito um artigo sobre "A elite comercial" e colhido e organizado estatísticas sobre as carreiras dos homens mais eminentes na política norte-americana desde a Constituição. Estas duas tarefas foram inspiradas principalmente por um seminário sobre história americana.

Ao redigir esses vários artigos e livros e preparar cursos sobre estratificação, houve, é claro, um resíduo de ideias e fatos a respeito das classes superiores. Especialmente no estudo da estratificação social, é difícil evitar ir além do nosso assunto imediato, porque "a realidade" de qualquer um dos estratos consiste em grande parte em suas relações com os outros. Assim, comecei a pensar em um livro sobre a elite.

No entanto, não foi "realmente" assim que "o projeto" surgiu; o que realmente aconteceu foi (1) que a ideia e o plano saíram de meus arquivos, pois comigo todos os projetos começam e terminam com eles, e livros são simplesmente resultados organizados a partir do trabalho contínuo que os integra; (2) que após algum tempo, todo o conjunto de problemas envolvidos passou a me dominar.

Após fazer meu esquema tosco, examinei todo o meu arquivo, não apenas aquelas partes que obviamente tinham relação com meu tópico, mas também as que pareciam não ter absolutamente nenhuma relevância. Muitas vezes conseguimos estimular a imaginação reunindo itens antes isolados, encontrando conexões insuspeitadas. Fiz novas unidades no arquivo para esse âmbito particular de problemas, o que, é claro, levou a novos arranjos de outras partes do arquivo.

Ao rearranjar um sistema de arquivamento, você muitas vezes descobre que está, por assim dizer, alargando sua imaginação. Aparentemente isso ocorre por meio de sua tentativa de combinar várias ideias e notas sobre diferentes tópicos. É uma espécie de lógica de combinação, e o "acaso" por vezes desempenha um papel curiosamente grande nela. De uma maneira relaxada, você tenta enredar seus recursos intelectuais, como exemplificados no arquivo, com os novos temas.

No presente caso, comecei também a usar minhas observações e experiências diárias. Pensei primeiro em minhas experiências anteriores relacionadas a problemas da elite, depois fui conversar com aqueles que, a meu ver, podiam ter experimentado ou considerado tais questões. De fato, comecei nessa altura a alterar o caráter de minha rotina de maneira a incluir nela (1) pessoas que *estavam* entre aqueles que eu queria estudar, (2) pessoas em estreito contato com eles e (3) pessoas usualmente interessadas neles de alguma maneira profissional.

Não sei quais são as plenas condições sociais para a melhor produção intelectual, mas certamente cercar-se de um círculo de pessoas dispostas a ouvir e falar – e por vezes elas terão de ser personagens imaginários – é uma delas. De qualquer modo, tento me cercar de todo o ambiente pertinente – social e intelectual – que suponho ser capaz de me levar a pensar bem ao longo das linhas de meu trabalho. Esse é um sentido das observações que fiz anteriormente sobre a fusão de vida pessoal e intelectual.

Um bom trabalho em ciência social hoje não é, e usualmente não pode ser, composto de uma "pesquisa" empírica bem delineada. Ele se compõe antes de um grande número de estudos que, em pontos-chave, ancoram afirmações sobre a forma e a direção do assunto. Assim a decisão – quais são esses pontos de ancoragem? – não pode ser tomada até que os materiais existentes sejam retrabalhados e formulações hipotéticas gerais construídas.

Ora, entre os "materiais existentes" encontro nos arquivos três tipos relevantes para meu estudo da elite: várias teorias que têm a ver com o tópico; materiais já trabalhados por outros como evidências para *aquelas* teorias; e materiais já reunidos e em diversos estágios de centralização acessível, mas ainda não tornados teoricamente pertinentes. Somente após concluir um primeiro rascunho de uma teoria com a ajuda de materiais existentes como esses é que posso situar eficientemente minhas próprias afirmações e palpites principais e projetar pesquisas para testá-los – e talvez não tenha de fazê-lo, embora saiba, é claro, que terei mais tarde de me mover oscilando entre materiais existentes e minha própria pesquisa. Qualquer formulação final deve não somente "cobrir os dados" até onde eles estão disponíveis e são do meu conhecimento, como também, de alguma maneira, positiva ou negativamente, levar em conta as teorias disponíveis. Por vezes é fácil "levar em conta" uma ideia mediante sua simples confrontação com um fato que a subverte ou apoia; por vezes uma análise ou delimitação detalhada é necessária. Por vezes posso sistematicamente organizar as teorias disponíveis, como uma série de escolhas, e assim permitir a seu âmbito organizar o próprio problema. Por vezes, porém, só permito que tais teorias venham à baila em meu próprio arranjo, em contextos muito diferentes. De todo modo, no livro sobre a elite tive de levar em conta o trabalho de homens como Mosca, Schumpeter, Veblen, Marx, Lasswell, Michels, Weber e Pareto.

Examinando algumas das notas sobre esses autores, constato que elas oferecem três tipos de formulações: (a) a partir de algumas, aprendemos diretamente, repetindo sistematicamente o que o autor diz sobre certos pontos ou sobre um todo; (b) há algumas que aceitamos ou refutamos, dando razões e argumentos; (c) há outras que usamos como uma fonte de sugestões para nossas próprias elaborações e projetos. Isso envolve apreender um ponto e em seguida perguntar: como posso pôr isso numa forma passível de teste e como posso testá-lo? Como posso usar isso como um centro a partir do qual me estender – como uma perspectiva da qual detalhes descritivos emergem como pertinentes? É nessa manipulação de ideias existentes, é claro, que nos sentimos em continuidade com trabalhos anteriores. ...

3 | Chega um momento no curso do seu trabalho em que você não quer mais saber de outros livros. Tudo que queria deles está registrado em suas notas e resumos; e nas margens dessas notas, bem como num arquivo separado, estão ideias para estudos empíricos.

Ora, não gosto de fazer trabalho empírico a menos que isso seja inevitável. Quando não se tem uma equipe de assistentes, é muito trabalhoso; quando se emprega uma equipe, esta muitas vezes dá ainda mais trabalho.

Na condição intelectual das ciências sociais hoje, há tanto a fazer em matéria de "estruturação" inicial (deixemos que a palavra represente o tipo de trabalho que estou descrevendo) que muita "pesquisa empírica" está fadada a ser rala e desinteressante. Grande parte dela, de fato, é um exercício formal para estudantes iniciantes, e por vezes uma atividade útil para aqueles que não são capazes de lidar com os problemas substantivos mais difíceis da ciência social. Não há mais virtude na investigação empírica que na leitura. O objetivo da investigação empírica é dirimir discordâncias e dúvidas acerca de fatos, e assim tornar discussões mais frutíferas ao basear todos os lados de maneira mais substantiva. Fatos disciplinam a razão; mas a razão é vanguarda em qualquer campo do saber.

Embora você nunca vá conseguir obter o dinheiro para fazer muitos dos estudos empíricos que planeja, é necessário que continue a planejá-los. Porque depois que você planeja um estudo empírico, mesmo que não o realize por completo, ele o leva a uma nova busca por dados, que muitas vezes resulta uma insuspeitada relevância para seus problemas. Assim como é tolice projetar um estudo de campo se for possível encontrar a resposta numa biblioteca, é tolice pensar que esgotamos os livros antes que os tenhamos traduzido em estudos empíricos apropriados, o que significa, simplesmente, em questões de fato.

Os projetos empíricos necessários para meu tipo de trabalho devem prometer, em primeiro lugar, relevância para o esboço inicial, sobre o qual escrevi anteriormente; eles têm de confirmá-lo em sua forma original ou provocar sua modificação. Ou, para expressar isto de maneira mais pretensiosa, devem ter implicações para construções teóricas. Em segundo lugar, os projetos devem ser eficientes e bem-feitos e, se possível, engenhosos. Quero dizer com isto que devem prometer produzir uma grande quantidade de material em comparação ao tempo e ao esforço que envolvem.

Mas como isso deve ser feito? A maneira mais econômica de formular um problema é fazê-lo de forma a resolvê-lo tanto quanto possível unicamente por raciocínio. Mediante raciocínio nós tentamos (a) isolar cada questão que de fato resta; (b) fazer essas perguntas de modo que as respostas prometam nos ajudar a resolver mais problemas por meio de mais raciocínio.

Para considerar problemas desta maneira, você tem de prestar atenção a quatro estágios; mas geralmente é melhor passar por todos os quatro muitas vezes do que ficar preso em qualquer um deles por tempo demais. Os passos são: (1) os elementos e definições que, com base em sua percepção geral do tópico, questão, ou área de interesse, você pensa que terá de levar em conta; (2) as relações lógicas entre essas definições e elementos; a construção desses pequenos modelos preliminares, diga-se de passagem, fornece a melhor oportunidade para o exercício da imaginação sociológica; (3) a eliminação de ideias falsas devido a omissões de elementos necessários, a definições de termos impróprias ou obscuras, ou a ênfase indevida em alguma parte da série e suas extensões lógicas; (4) formulação e reformulação das questões que de fato restam.

O terceiro passo, aliás, é uma parte muito necessária, mas frequentemente negligenciada de qualquer formulação adequada de um problema. A consciência popular do problema – o problema como uma questão e como uma dificuldade – deve ser cuidadosamente levada em conta: ela é parte do problema. Formulações eruditas, é claro, devem ser examinadas com especial atenção e/ou esgotadas na reformulação que está sendo feita, ou rejeitadas.

Antes de decidir quanto aos estudos empíricos necessários para o trabalho prestes a se realizar, começo a esboçar um projeto mais amplo dentro do qual vários estudos de pequena escala começam a surgir. ...

No curso da leitura e análise das teorias de outros, projetando a pesquisa ideal e examinando atentamente os arquivos, você começará a redigir uma lista de estudos específicos. Alguns deles são grandes demais, difíceis de manejar, e acabarão por ser pesarosamente abandonados; alguns terminarão como materiais para um parágrafo, uma seção, uma frase, um capítulo; alguns se tornarão temas que permearão um livro inteiro. ...

Depois que esses projetos foram anotados, comecei a ler obras históricas sobre grupos de cúpula, tomando notas aleatórias (e não arquivadas) e interpretando a leitura. Você não precisa realmente *estudar* o tópico em que está trabalhando; pois, como disse, depois que o escolhe, ele está em toda parte. Você se torna sensível a seus temas; passa a vê-los e ouvi-los sempre em sua experiência, sobretudo, segundo uma impressão que sempre tenho, em áreas aparentemente não relacionadas. Até os meios de comunicação de massa, especialmente filmes ruins, romances baratos, revistas ilustradas e programas noturnos de rádio, revestem-se de uma nova importância para você.

4 | Mas, você pode perguntar, como surgem as ideias? Como a imaginação é estimulada a reunir todas as imagens e fatos, tornar as imagens pertinentes e emprestar sentido aos fatos? Não creio que possa realmente responder a isto; posso apenas falar sobre as condições gerais e algumas técnicas simples que pareceram aumentar minhas chances de produzir alguma coisa.

A imaginação sociológica, quero lhe lembrar, consiste em parte considerável na capacidade de passar de uma perspectiva para outra, e, nesse processo, consolidar uma visão adequada de uma sociedade total e de seus componentes. É essa imaginação, é claro, que distingue o cientista social do mero técnico. Técnicos adequados podem ser instruídos em poucos anos. A imaginação sociológica também pode ser cultivada; por certo ela raramente ocorre sem grande quantidade de trabalho, muitas vezes rotineiro. Há no entanto uma qualidade inesperada em relação a ela, talvez porque sua essência seja a combinação de ideias que ninguém supunha que fossem combináveis – digamos, uma mistura de ideias da filosofia alemã e da economia britânica. Há um estado de espírito lúdico por trás desse tipo de combinação, bem como um esforço verdadeiramente intenso para compreender o mundo, que em geral falta ao técnico como tal. Talvez ele seja bem treinado demais, de maneira precisa demais. Como só se pode ser *treinado* no que já é sabido, o treinamento por vezes incapacita uma pessoa para aprender novos modos; torna-a rebelde contra o que está fadado a ser de início frouxo e até desleixado. Mas você deve se apegar a essas imagens e noções vagas, se elas forem suas, e deve elaborá-las. Pois é nessas formas que ideias originais quase sempre aparecem pela primeira vez, quando aparecem.

Há maneiras definidas, creio eu, de estimular a imaginação sociológica:

1. No nível mais concreto, o rearranjo do arquivo, como já disse, é uma maneira de estimular a imaginação. Você simplesmente junta pastas até então separadas, misturando seus conteúdos, depois os reorganiza. Tente fazer isso de uma maneira mais ou menos relaxada. A frequência com que e a extensão em que você rearranja os arquivos dependerão, é claro, dos diferentes problemas e de quão bem eles estão se desenvolvendo. Mas a mecânica do procedimento é simples assim. Você terá em mente, é claro, os vários problemas em que está trabalhando ativamente, mas tentará também ser passivamente receptivo a conexões imprevistas e não planejadas.

2. Uma atitude lúdica em relação às expressões e palavras com que várias questões são definidas frequentemente libera a imaginação. Procure sinônimos para cada um de seus termos-chave em dicionários, bem como em livros técnicos, para conhecer a plena extensão de suas conotações. Este hábito simples o estimulará a elaborar os termos do problema e, em consequência, a defini-los com menos palavras e mais precisão. Pois somente se conhecer os vários sentidos que poderiam ser dados a termos ou expressões, você poderá selecionar os termos exatos com que quer trabalhar. Mas esse interesse pelas palavras vai ainda mais longe. Em todo trabalho, mas especialmente no exame de formulações teóricas, você tentará prestar rigorosa atenção ao nível de generalidade de cada termo-chave, e muitas vezes considerará útil fracionar uma formulação de alto nível em significados mais concretos. Quando isso é feito, a formulação muitas vezes se divide em dois ou três componentes, todos situados ao longo de diferentes dimensões. Você tentará também subir no nível de generalidade: eliminar os qualificadores específicos e examinar a formulação ou a inferência reformadas de maneira mais abstrata, para ver se pode estendê-las ou elaborá-las. Assim, a partir de cima e a partir de baixo, você tentará investigar, em busca de significado mais claro, cada aspecto e implicação da ideia.

3. Muitas das noções gerais que você encontra, quando reflete sobre elas, serão dispostas em tipos. Uma nova classificação é o início usual de desenvolvimentos frutíferos. A habilidade para criar tipos e depois procurar as condições e consequências de cada tipo irá, em suma, tornar-se um procedimento automático para você. Em mal-e de contentar-se com classificações existentes, em particular aquelas de senso comum, você procurará por seus denominadores comuns e por fatores diferenciadores dentro delas e entre elas. Bons tipos requerem que os critérios de classificação sejam explícitos e sistemáticos. Para torná-los assim você precisa desenvolver o hábito da classificação cruzada.*

A técnica da classificação cruzada não é, evidentemente, limitada a materiais quantitativos; de fato, é a melhor maneira de imaginar e encontrar *novos* tipos, bem como para criticar e elucidar antigos. Gráficos, tabelas e diagramas de tipo qualitativo não são apenas maneiras de expor o trabalho já feito; são muitas vezes instrumentos genuínos de produção. Eles elucidam as "dimensões" dos tipos, que também o ajudam a imaginar e construir. De fato, nos últimos quinze anos, não acredito que tenha escrito mais de uma dúzia de páginas de um rascunho sem um pouco de classificação cruzada – embora, é claro, nem sempre e nem mesmo usualmente exiba esses diagramas. A maioria deles fracassa por completo, caso em que você ainda aprende alguma coisa. Quando eles funcionam, ajudam-no a pensar mais claramente e a escrever mais explicitamente. Eles lhe permitem descobrir a extensão e as relações completas dos próprios termos com que está pensando e dos fatos com que está lidando.

Para um sociólogo ativo, a classificação cruzada é o mesmo que analisar uma frase para um gramático diligente. De muitas maneiras, a classificação cruzada é a própria gramática da imaginação sociológica. Como toda gramática, é preciso controlá-la e não permitir que fuja aos seus propósitos.

4. Muitas vezes você obtém os melhores *insights* ao considerar extremos – pensando no oposto daquilo que o interessa diretamente. Se você pensa sobre desespero, pense também sobre entusiasmo; se estuda os avarentos, estude também os perdulários. A coisa mais difícil no mundo é estudar um único objeto; quando você tenta contrastar objetos, obtém uma melhor compreensão deles e pode então discriminar as dimensões em cujos termos as comparações são feitas. Você descobrirá que mover-se em vaivém entre a atenção a essas dimensões e aos tipos concretos é muito esclarecedor. Essa técnica é também logicamente segura, pois sem uma amostra, afinal, você pode apenas conjecturar sobre frequências estatísticas: o que pode fazer é dar a extensão e os tipos principais de algum fenômeno, e para isso é mais econômico

---

* Toda classificação que considera pelo menos dois atributos ao mesmo tempo. (N.O.)

começar construindo "tipos polares", opostos ao longo de várias dimensões. Isto não significa, é claro, que você não vá se esforçar para adquirir e manter um senso de proporção – procurar alguma chave para frequências de tipos dados. Tentamos continuamente, de fato, combinar essa procura com a busca de indicadores para os quais poderíamos encontrar ou coletar estatísticas.

A ideia é usar uma variedade de pontos de vista: você perguntará a si mesmo, por exemplo, como um cientista político que leu recentemente abordaria isso, e como o faria aquele psicólogo experimental, ou aquele historiador? Tentará pensar em termos de uma variedade de pontos de vista e, desse modo, deixar sua mente se transformar num prisma móvel que capta luz do maior número de ângulos possível. Neste contexto, escrever diálogos é frequentemente muito útil.

Muitas vezes você se verá pensando contra alguma coisa, e ao tentar compreender um novo campo intelectual, uma das primeiras coisas que certamente pode fazer é expor os principais argumentos. Um dos significados de "estar imerso na literatura" é ser capaz de localizar os adversários e os amigos de cada ponto de vista disponível. Aliás, não é bom estar imerso demais na literatura; você pode se afogar nela, como Mortimer Adler. Talvez o importante seja saber quando deve e quando não deve ler.

5. O fato de que na classificação cruzada, para efeito de simplicidade, você trabalha de início em termos de sim ou não o estimula a pensar em opostos extremos. Isso em geral é bom, pois a análise qualitativa não pode, evidentemente, lhe fornecer frequências ou magnitudes. Sua técnica e seu objetivo são lhe dar a escala de tipos. Para muitos fins, você não precisa de mais que isso, embora para alguns, é claro, tenha de alcançar uma ideia mais precisa das proporções envolvidas.

A liberação da imaginação pode por vezes ser alcançada mediante a inversão deliberada de seu senso de proporção. Se alguma coisa parece muito pequena, imagine que é simplesmente enorme, e pergunte a si mesmo: que diferença isso poderia fazer? E vice-versa para fenômenos gigantescos. Que aspecto teriam as aldeias pré-históricas com populações de 30 milhões? Hoje em dia, pelo menos, eu nunca pensaria em realmente contar ou medir coisa alguma antes de ter jogado com cada um de seus elementos, condições e consequências num mundo imaginário em que pudesse controlar a escala de tudo. Provavelmente é isto o que os estatísticos querem dizer, embora nunca pareçam fazê-lo, com aquela frasezinha horrível sobre "conhecer o universo antes de fazer a amostragem".

6. Seja qual for o problema em que está interessado, você descobrirá que é útil obter uma compreensão *comparativa* dos materiais. A procura de casos compa-

ráveis, seja numa civilização e num período histórico ou em vários, lhe dá direcionamentos. Você nunca pensaria em descrever uma instituição nos Estados Unidos no século XX sem tentar ter em mente instituições similares em outros tipos de estruturas e períodos. Isto, mesmo que não faça comparações explícitas. Com o tempo, você passará a orientar sua reflexão historicamente de maneira quase automática. Uma razão para isso é que muitas vezes o que está examinando é limitado em número: para obter uma compreensão comparativa do fenômeno, tem de situá-lo numa moldura histórica. Em outras palavras, a abordagem de tipos contrastantes requer muitas vezes o exame de materiais históricos. Isto por vezes resulta em pontos úteis para uma análise de tendências, ou conduz a uma tipologia de fases. Você usará materiais históricos, portanto, em razão do desejo de uma extensão mais completa, ou de uma extensão mais conveniente de algum fenômeno – com o que me refiro a uma extensão que inclua as variações ao longo de algum conjunto conhecido de dimensões. Algum conhecimento da história mundial é indispensável para o sociólogo; sem ele, por mais que saiba outras coisas, estará simplesmente incapacitado.

7. Finalmente, há um ponto que tem mais a ver com o ofício de compor um livro do que com a liberação da imaginação. Mas estas duas coisas são muitas vezes uma só: o modo como você arranja os materiais para apresentação sempre afeta o conteúdo de seu trabalho. Aprendi a ideia que tenho em mente de um grande editor, Lambert Davis, que, suponho, depois de ver o que fiz com ela, não a quereria reconhecer como sua filha. É a distinção entre tema e tópico.

Um tópico é um assunto, como "as carreiras dos executivos de corporações" ou "o poder fortalecido das autoridades militares" ou "o declínio das matriarcas da sociedade". Em geral, a maior parte do que temos a dizer sobre um tópico pode ser facilmente incluída num capítulo ou numa seção de um capítulo. Mas a ordem em que todos os seus tópicos são arranjados muitas vezes o conduz para a esfera dos temas.

Um tema é uma ideia, em geral de uma tendência notável, uma concepção fundamental, ou uma distinção-chave, como racionalidade e razão, por exemplo. Ao trabalhar na construção de um livro, quando chega a perceber os dois ou três, ou, conforme o caso, os seis ou sete temas, você saberá que está no controle do trabalho. Reconhecerá esses temas porque eles ficarão insistindo em ser introduzidos em todos os tipos de tópicos, e terá talvez a impressão de que são meras repetições. E por vezes é isso que todos eles são! Certamente muitas vezes serão encontrados nas partes mais obscuras e confusas, as mais mal-escritas, de seu manuscrito.

O que você deve fazer é ordená-los e formulá-los de uma maneira geral, tão clara e brevemente quanto possa. Depois, muito sistematicamente, deve fazer uma classificação cruzada entre eles e a série completa de seus tópicos. Isto quer dizer que você perguntará, a respeito de cada tópico: como ele é afetado por cada um desses temas? E mais: qual é exatamente o significado, se houver algum, para cada um desses temas de cada um dos tópicos?

Por vezes um tema requer um capítulo ou uma seção para si, talvez ao ser introduzido pela primeira vez ou talvez numa formulação concisa perto do final. Penso que a maioria dos escritores – bem como a maioria dos pensadores sistemáticos – concordaria que, em algum ponto, todos os temas deveriam aparecer juntos, uns relacionados aos outros. Muitas vezes, embora não sempre, é possível fazer isso no início de um livro. Em geral, em qualquer livro bem-construído, deve ser feito perto do fim. E, é claro, do início ao fim, você deveria pelo menos tentar relacionar os temas a cada tópico. É mais fácil escrever sobre isto do que fazer, pois em geral não se trata de algo tão mecânico quanto poderia parecer. Mas às vezes é – pelo menos se os temas forem apropriadamente ordenados e elucidados. Mas, é claro, esse é o problema. Pois o que chamei aqui de temas, no contexto do artesanato literário, é chamado de ideias no contexto do trabalho intelectual.

Por vezes, diga-se de passagem, você pode achar que um livro não tem realmente nenhum tema. É apenas uma série de tópicos, cercados, é claro, por introduções metodológicas à metodologia, e introduções teóricas à teoria. Estas são realmente indispensáveis à escrita de livros por homens sem ideias. Assim como a falta de inteligibilidade.

5 | Sei que você concordará que deveria apresentar seu trabalho numa linguagem tão simples e clara quanto seu assunto e seu pensamento sobre ele o permitam. Mas, como talvez tenha notado, uma prosa empolada e polissilábica parece prevalecer nas ciências sociais. Suponho que os que a usam acreditam que estão imitando a "ciência física" e não percebem que grande parte *dessa* prosa não é totalmente necessária. De fato, foi dito, e com razão, que há "uma grave crise na capacidade de ler e escrever" – uma crise com que os cientistas sociais estão muito envolvidos. Podemos atribuir essa linguagem peculiar ao fato de que questões, conceitos e métodos profundos e sutis estão sendo discutidos? Se não, quais são as razões para o que Malcolm Cowley chama apropriadamente de "sociologuês"?[1] Ele é realmente necessário para seu trabalho? Se for, não há nada que você possa fazer a esse respeito; se não for, como pode evitá-lo?

---

[1] Malcolm Cowley, "Sociological Habit Patterns in Linguistic Transmogrification", *The Reporter*, 20 set 1956, p.41s.

Essa falta de pronta inteligibilidade, eu acredito, em geral tem pouco ou nada a ver com a complexidade do assunto, e absolutamente nada com a profundidade do pensamento. Tem a ver quase inteiramente com certas confusões do escritor acadêmico acerca de seu próprio status.

Hoje, em muitos círculos acadêmicos, qualquer pessoa que tente escrever de uma maneira amplamente inteligível está sujeita a ser condenada como "um mero literato" ou, pior ainda, "um mero jornalista". Talvez você já tenha aprendido que estas expressões, tão comumente usadas, indicam apenas uma inferência espúria: superficial, porque legível. O acadêmico nos Estados Unidos está tentando levar uma vida intelectual séria num contexto social que muitas vezes parece inteiramente contra ela. Seu prestígio deve compensar muitos dos valores dominantes que sacrificou ao escolher uma carreira acadêmica. O prestígio que reivindica fica facilmente ligado à sua autoimagem como "cientista". Ser chamado de um "mero jornalista" o faz sentir-se indigno e superficial. É essa situação, acredito, que está muitas vezes no fundo do vocabulário rebuscado e da maneira complicada de falar e escrever. É menos difícil aprender essa maneira que não o fazer. Ela se tornou uma convenção – os que não a usam estão sujeitos a desaprovação moral. Pode ser que ela seja o resultado de um cerramento de fileiras acadêmico por parte dos medíocres, que, compreensivelmente, querem excluir aqueles que conquistam a atenção de pessoas inteligentes, acadêmicas ou não.

Escrever é reivindicar a atenção de leitores. Isso é parte de qualquer estilo. Escrever é também reivindicar para si status suficiente pelo menos para ser lido. O jovem acadêmico está muito envolvido em ambas as reivindicações, e como sente que lhe falta posição pública, muitas vezes põe a reivindicação de seu próprio status na frente da reivindicação da atenção do leitor para o que está dizendo. De fato, nos Estados Unidos, mesmo os mais bem-sucedidos homens de saber não têm muito status em meio a círculos e públicos amplos. Neste aspecto, a sociologia foi um caso extremo: em grande parte os hábitos sociológicos de estilo originam-se de uma época em que os sociólogos tinham pouco status mesmo junto a outros acadêmicos. Desejo de status é uma razão pela qual acadêmicos escorregam tão facilmente na ininteligibilidade. E esta, por sua vez, é uma das razões por que não têm o status que desejam. Um círculo realmente vicioso – mas que qualquer intelectual pode romper facilmente.

Para superar a *prosa* acadêmica, temos de superar a *pose* acadêmica. É muito menos importante estudar gramática e radicais anglo-saxões do que elucidar suas próprias respostas a estas três perguntas: 1. Quão difícil e complexo é afinal de contas o meu assunto? 2. Quando escrevo, que status estou reivindicando para mim? 3. Para quem estou tentando escrever?

1. A resposta usual para a primeira pergunta é: não tão difícil e complexo quanto a maneira em que você está escrevendo sobre ele. A prova disso está por toda parte: é revelada pela facilidade com que 95% dos livros de ciência social podem ser traduzidos para o inglês.

Mas, você pode perguntar, não precisamos por vezes de termos técnicos? Claro que sim, mas "técnico" não significa necessariamente difícil, e certamente não significa jargão. Se esses termos técnicos forem realmente necessários, e também claros e precisos, não é difícil usá-los num contexto de inglês simples e assim introduzi-los de maneira significativa para o leitor.

Você pode objetar que as palavras ordinárias do uso comum estão muitas vezes "carregadas" de sentimentos e valores e que por isso talvez seja melhor evitá-las em favor de novas palavras ou termos técnicos. Aqui está a minha resposta: é verdade que as palavras comuns estão diversas vezes muito carregadas. Mas vários termos técnicos de uso corrente na ciência social estão igualmente carregados. Escrever claramente é controlar essas cargas, dizer exatamente o que queremos de tal modo que esse significado e apenas ele seja compreendido por outros. Suponha que o sentido que você quer transmitir está circunscrito por um círculo de dois metros, no qual você mesmo se coloca; suponha que o sentido compreendido por seu leitor é um outro círculo igual, no qual ele se coloca. O que esperamos é que os círculos se superponham. A extensão dessa superposição é a extensão de sua comunicação. No círculo do leitor, a parte que não se superpõe é uma área de sentido não controlado: ele lhe deu o sentido que quis. Em seu círculo, a parte que não se superpõe é mais um indício de seu fracasso: você não conseguiu transmiti-la. A habilidade de escrever está em fazer o círculo de sentido do leitor coincidir exatamente com o seu, escrever de tal maneira que ambos se coloquem no mesmo círculo de sentido controlado.

O que quero dizer em primeiro lugar, portanto, é que a maior parte do "sociologuês" não tem nenhuma relação com qualquer complexidade de assunto ou pensamento. É usado – penso que quase inteiramente – para fazer reivindicações acadêmicas para si mesmo; escrever dessa maneira é dizer ao leitor (muitas vezes, estou certo, sem o saber): "Sei alguma coisa que é tão complexa que você só poderá compreendê-la se aprender primeiro minha linguagem. Nesse meio-tempo você é meramente um jornalista, um leigo, ou alguma outra espécie de tipo subdesenvolvido."

2. Para responder à segunda pergunta, devemos distinguir duas maneiras de apresentar o trabalho da ciência social segundo a ideia que o escritor tem de

si mesmo e a voz com que ele fala. Uma maneira resulta da ideia de que ele é um homem que pode gritar, sussurrar ou dar risadinhas – mas que está sempre lá. Está claro também que tipo de homem ele é: confiante ou neurótico, direto ou complicado, ele é um centro de experiência e argumentação; agora ele descobriu alguma coisa, e está nos contando sobre ela, e sobre como a descobriu. Esta é a voz atrás das melhores exposições disponíveis na língua inglesa.

A outra maneira de apresentar um trabalho não usa nenhuma voz de nenhum homem. Essa escrita não é uma "voz" em absoluto. É um som autônomo. É uma prosa manufaturada por uma máquina. O mais notável não é que seja cheia de jargão, é que seja fortemente afetada: não é somente impessoal; é pretensiosamente impessoal. Boletins governamentais são por vezes escritos dessa maneira. Cartas comerciais também. E uma boa parte da ciência social. Toda escrita – exceto talvez a de certos estilistas verdadeiramente notáveis – que não seja imaginável como fala humana é má escrita.

3. Mas finalmente há a questão daqueles que devem ouvir a voz – pensar sobre isso também leva a características de estilo. É muito importante para todo escritor ter em mente o tipo exato de pessoas para quem está tentando falar – e também o que ele realmente pensa delas. Estas não são questões fáceis: respondê-las bem requer decisões sobre si mesmo, bem como conhecimento do público leitor. Escrever é reivindicar ser lido, mas por quem?

Uma resposta foi sugerida por meu colega Lionel Trilling, que me deu permissão para passá-la adiante. Você deve supor que foi convidado para dar uma palestra sobre algum assunto que conhece bem, perante uma audiência de professores e alunos de todos os departamentos de uma importante universidade, bem como para uma variedade de pessoas interessadas de uma cidade próxima. Suponha que tem essa audiência diante de si e que ela tem o direito de ser informada; suponha que quer informá-la. Agora escreva.

Há cerca de quatro possibilidades amplas disponíveis para o cientista social como escritor. Caso ele se reconheça como uma voz e suponha que está falando para um público como o que indiquei, tentará escrever uma prosa legível. Caso admita que é uma voz, mas não esteja plenamente consciente de nenhum público, pode facilmente cair em disparates ininteligíveis. Tal homem deveria tomar cuidado. Caso se considere menos uma voz que o agente de algum som impessoal, então, caso encontre um público, este será mais provavelmente um culto. Se, sem conhecer sua própria voz, não encontrar nenhum público, falando apenas para algum registro que ninguém mantém, acho que temos de admitir que ele é um verdadeiro fabricante da prosa padronizada: um som anônimo num grande salão vazio. Tudo isso é bastante apavorante, como num romance de Kafka, e deve ser: estivemos falando sobre o limite da razão.

A linha que separa a profundidade e a verborragia é muitas vezes tênue, até perigosa. Ninguém deveria negar o curioso encanto daqueles que – como no pequeno poema de Whitman –, ao começar seus estudos, ficam tão satisfeitos e impressionados com o primeiro passo que mal desejam ir mais longe. Por si mesma, a linguagem forma um mundo maravilhoso, mas, enredados nesse mundo, não devemos tomar a confusão de começos com a profundidade de resultados acabados. Como membro da comunidade acadêmica, você deveria pensar em si mesmo como representante de uma linguagem verdadeiramente notável, e deveria esperar e exigir de si mesmo, ao falar ou escrever, a tentativa de levar adiante o discurso do homem civilizado.

Há um último ponto, que tem a ver com a ação recíproca de escrita e pensamento. Se você escreve unicamente com referência ao que Hans Reichenbach chamou de o "contexto da descoberta", será compreendido por poucas pessoas; além disso, tenderá a ser muito subjetivo em suas formulações. Para tornar qualquer coisa que pensa mais objetiva, você tem de trabalhar no contexto da apresentação. A princípio, "apresente" seu pensamento para si mesmo, o que é muitas vezes chamado de "pensar claramente". Depois, quando sentir que o fez corretamente, apresente-o para outros – e muitas vezes descubra que não o tornou claro. Agora você está no "contexto da apresentação". Algumas vezes perceberá que, ao tentar apresentar seu pensamento, você o modifica – não somente em sua forma de expressão, mas muitas vezes também em seu conteúdo. Você terá novas ideias à medida que trabalha no contexto da apresentação. Em suma, ele se tornará um novo contexto da descoberta, diferente do original, num nível mais elevado, acredito, porque mais socialmente objetivo. Aqui, outra vez, você não pode divorciar o que pensa de como escreve. Tem de se mover para trás e para a frente entre esses dois contextos, e sempre que se move convém que saiba aonde pode estar indo.

6 | A partir do que eu disse você compreenderá que, na prática, nunca "começa a trabalhar num projeto"; já está "trabalhando", quer num caráter pessoal, nos arquivos, tomando notas após folhear livros, quer em esforços dirigidos. Adotando esta maneira de viver e trabalhar, você terá sempre muitos tópicos que deseja desenvolver. Depois que decidir quanto a algum deles, tentará usar todo o seu arquivo, suas leituras esparsas em bibliotecas, sua conversa, suas escolhas de pessoas – tudo para esse tópico ou tema. Você está tentando construir um pequeno mundo que contenha todos os elementos-chave que integram o trabalho a ser feito, pôr cada um em seu lugar de uma maneira sistemática, reajustando continuamente essa estrutura em torno de

desenvolvimentos em cada parte dele. Viver num mundo assim construído é simplesmente saber o que é necessário: ideias, fatos, ideias, números, ideias.

Assim você descobrirá e descreverá, construindo tipos para a ordenação do que descobriu, focalizando e organizando experiência mediante a distinção de itens por nome. Essa busca de ordem o levará a procurar padrões e tendências, a encontrar relações que podem ser típicas e causais. Você buscará, em suma, os significados do que encontrou, para o que pode ser interpretado como um sinal visível de alguma outra coisa não visível. Você fará um inventário de tudo que parece envolvido no que quer que esteja tentando compreender; você o reduzirá aos elementos essenciais; depois, de maneira cuidadosa e sistemática, relacionará esses itens entre si de modo a formar uma espécie de modelo operacional. Depois relacionará esse modelo ao que quer que esteja tentando explicar. Por vezes é muito fácil; muitas vezes é simplesmente impossível.

Mas sempre, entre todos os detalhes, você estará procurando indicadores que poderiam apontar para a direção principal, chamando atenção para as formas e tendências subjacentes da extensão da sociedade contemporânea. Pois, no fim das contas, é sobre isso – a variedade humana – que você está sempre escrevendo.

O pensamento é uma luta por ordem e ao mesmo tempo por compreensibilidade. Você não deve parar de pensar cedo demais – ou deixará de conhecer tudo o que deveria; não deve deixar que isso prossiga para sempre, ou você mesmo explodirá. É esse dilema, suponho, que faz da reflexão, naquelas raras ocasiões em que é mais ou menos bem-sucedida, o mais apaixonante empreendimento de que o ser humano é capaz.

Talvez eu possa resumir melhor o que estive tentando dizer na forma de alguns preceitos e advertências:

1. Seja um bom artesão: evite todo conjunto rígido de procedimentos. Acima de tudo, procure desenvolver e usar a imaginação sociológica. Evite o fetichismo de método e técnica. Estimule a reabilitação do artesão intelectual despretensioso, e tente se tornar você mesmo tal artesão. Deixe que cada homem seja seu próprio metodologista; deixe que cada homem seja seu próprio teorizador; deixe que teoria e método se tornem parte da prática de um ofício. Tome o partido do primado do estudioso individual; tome partido contra a ascendência de equipes de pesquisa formadas por técnicos. Seja uma mente independente na confrontação dos problemas do homem e da sociedade.

2. Evite a estranheza bizantina de conceitos associados e desassociados, o maneirismo da verborragia. Encoraje em si mesmo e nos outros a simplicidade da formulação clara. Use termos mais elaborados apenas quando acreditar firmemente que seu uso amplia o escopo de suas sensibilidades, a precisão de suas referências, a profundidade de seu raciocínio. Evite usar a ininteligibilidade como um meio de escapar à emissão de julgamentos sobre a sociedade – e como um meio de escapar aos julgamentos dos leitores sobre seu próprio trabalho.

3. Faça todas as construções trans-históricas que achar que seu trabalho requer; investigue também minúcias sub-históricas. Elabore teorias inteiramente formais e construa modelos tão bem quanto puder. Examine em detalhe pequenos fatos e suas relações, e eventos grandes e singulares também. Mas não seja fanático: relacione todo esse trabalho, contínua e estreitamente, ao nível da realidade histórica. Não suponha que mais alguém fará isso por você, em algum momento, em algum lugar. Considere tarefa sua a definição dessa realidade; formule seu problema nos termos dela; no nível dela, tente resolver esses problemas e assim resolver as questões e dificuldades que eles incorporam. E nunca escreva mais de três páginas sem ter em mente pelo menos um exemplo concreto.

4. Não estude meramente um pequeno ambiente após outro; estude as estruturas sociais em que os ambientes estão organizados. Em termos desses estudos de estruturas mais amplas, selecione os contextos que precisa estudar em detalhe, e estude-os de maneira a compreender a ação recíproca de contextos com estrutura. Proceda de maneira semelhante no que diz respeito ao intervalo de tempo. Não seja meramente um jornalista, ainda que seja tão preciso quanto. Saiba que o jornalismo pode ser um grande empreendimento intelectual, mas saiba também que o seu é maior! Não relate meramente pesquisas minuciosas em momentos estáticos bem definidos, ou períodos de tempo muito curtos. Tome como seu intervalo de tempo o curso da história humana, e situe nela as semanas, anos, épocas que você examina.

5. Perceba que seu objetivo é uma compreensão comparativa completa das estruturas sociais que apareceram e que existem agora na história do mundo. Perceba que para cumpri-lo você deve evitar a especialização arbitrária dos departamentos acadêmicos hoje existentes. Especialize seu trabalho de maneira variada, segundo o tópico, e, acima de tudo, segundo problemas significativos. Ao formular e tentar resolver esses problemas, não hesite em, e de fato busque, fazer uso de maneira contínua e imaginativa das perspectivas e materiais, das ideias e métodos, de todo e qualquer estudo sensato do ho-

mem e da sociedade. Eles são *seus* estudos; são parte daquilo de que você é parte; não deixe que lhe sejam tomados por aqueles que os bloqueariam com um jargão esquisito e pretensões a *conhecimento especializado*.

6. Mantenha os olhos sempre abertos para a imagem do homem – a noção genérica de sua natureza humana – que você está presumindo e sugerindo com seu trabalho; e também para a imagem da história – sua noção de como a história está sendo feita. Numa palavra, elabore e reveja continuamente suas ideias sobre os problemas de história, os problemas de biografia e os problemas de estrutura social em que biografia e história se cruzam. Mantenha os olhos abertos para as variedades da individualidade e para os modos de mudança histórica. Use o que vê e o que imagina como pistas para seu estudo da variedade humana.

7. Saiba que você herda e está levando adiante a tradição da análise social clássica; portanto, tente compreender o homem não como um fragmento isolado, não como um campo ou sistema inteligível em si e por si mesmo. Tente compreender homens e mulheres como atores históricos e sociais, e os modos como a variedade de homens e mulheres são intricadamente selecionados e formados pela variedade das sociedades humanas. Antes de terminar qualquer trabalho, não importa quão indiretamente por vezes, oriente-o para a tarefa central e contínua de compreender a estrutura e a direção, a formação e os significados, de seu próprio período, o terrível e magnífico mundo da sociedade humana contemporânea.

8. Não permita que questões públicas tal como oficialmente formuladas, ou dificuldades tal como privadamente sentidas, determinem os problemas que você tomará para estudar. Acima de tudo, não abdique de sua autonomia moral e política aceitando nos termos de alguma outra pessoa a inutilidade limitadora do ethos burocrático ou a inutilidade tolerante da dispersão moral. Saiba que muitas dificuldades pessoais não podem ser resolvidas meramente como dificuldades, devendo ser compreendidas como questões públicas – e em termos dos problemas da feitura da história. Saiba que se deve revelar o significado humano de questões públicas relacionando-as com dificuldades pessoais – e com os problemas da vida individual. Saiba que os problemas da ciência social, quando adequadamente formulados, devem incluir tanto dificuldades quanto questões, tanto biografia quanto história e o âmbito de suas relações intricadas. Dentro desse âmbito ocorre a vida do indivíduo e a feitura de sociedades; e dentro desse âmbito a imaginação sociológica tem sua chance de fazer uma diferença na qualidade da vida humana em nosso tempo.

QUESTÕES E TEMAS PARA DISCUSSÃO

1. Quando Mills escreveu esse texto, "manter um arquivo" e administrá-lo significava um arquivo físico, em papel, no qual o cientista social deveria registrar suas ideias, notas, observações. Como a informática e a internet podem, na contemporaneidade, modificar as formas de manter esse tipo de arquivo?
2. Mills foi crítico do "sociologuês", uma maneira de escrever complicada e inteligível apenas para "iniciados". Escreveu, ainda, que "para superar a *prosa* acadêmica, temos de superar a *pose* acadêmica". Em que consistiria essa "pose", e como ela poderia ser compreendida sociologicamente?

LEITURAS SUGERIDAS

Bauman, Zygmunt e Tim May. *Aprendendo a pensar com a sociologia*. Rio de Janeiro, Zahar, 2010.

Mills, C. Wright. *Sobre o artesanato intelectual e outros ensaios*. Rio de Janeiro, Zahar, 2009.

11. A pesquisa de campo em sociologia: a observação participante de William Foote Whyte

A divisão comumente feita entre métodos "qualitativos" e "quantitativos" é meramente formal. Um tipo de método não é "mais importante" que outro: ambos podem ajudar a responder diferentes perguntas, de diferentes modos. O importante é perceber qual tem melhor "rendimento" em cada situação e para cada problema específico.

Como "qualitativos" geralmente são classificados métodos como as entrevistas abertas ou não estruturadas (isto é, que no todo ou em parte estão aberta a respostas "livres" dos entrevistados) e a observação participante, na qual o pesquisador participa do cotidiano do grupo que deseja estudar. Trata-se, nestes casos, de dados de difícil quantificação que enfatizam a importância de se compreender a interação entre pesquisador e "objeto" da pesquisa e realçam a dimensão subjetiva e existencial do processo de pesquisa.

William Foote Whyte (1914-2000) foi um sociólogo americano, pioneiro das pesquisas de campo no meio urbano. Seu principal livro é *Sociedade de esquina* (*Street Corner Society*), publicado originalmente em 1943. Nele, Whyte apresenta os resultados do estudo intensivo de uma área pobre e degradada de Boston (chamada por ele ficticiamente de *Cornerville*), em sua maioria habitada por imigrantes de origem italiana.

O trecho selecionado para este capítulo está incluído no anexo metodológico em que Whyte expõe como a pesquisa foi realizada. Fica evidente a importância que, para o pesquisador, assumiu a convivência cotidiana com o grupo estudado, para observá-los em ação – um excelente exemplo da "observação participante" na pesquisa social.

SOCIEDADE DE ESQUINA: A PRÁTICA DA PESQUISA

William Foote Whyte

❝ Primeiros esforços

Quando comecei meu trabalho, não tivera treino algum em sociologia ou antropologia. Via a mim mesmo como economista e, naturalmente, começava olhando as questões que tínhamos abordado nos cursos de economia, como o problema da habitação em áreas pobres. Naquela época, eu assistia a um curso sobre favelas e habitação no Departamento de Sociologia de Harvard. Como trabalho final, fiz um estudo sobre um quarteirão em Cornerville. Para legitimar esse esforço, entrei em contato com uma agência privada que tratava de questões de moradia e me ofereci para passar para eles os resultados de meu *survey*. Com esse apoio, comecei a bater às portas, a olhar para dentro de apartamentos e a conversar com os moradores sobre as condições de habitação. Isso me pôs em contato com as pessoas de Cornerville, mas seria difícil imaginar agora um modo mais inadequado de dar início a um estudo como o que eu acabaria por fazer. Sentia-me muito desconfortável com essa intromissão, e tenho certeza de que as pessoas também. Terminei o trabalho sobre o quarteirão o mais rápido possível e o contabilizei como perda total no que se referia a conseguir uma verdadeira entrada no distrito.

Pouco depois, tive outro começo problemático – se é que um esforço tão precário mereça ser chamado até mesmo de começo. Na época, estava completamente tomado – e frustrado – pelo problema de achar uma forma de entrar no distrito. Cornerville estava bem à minha frente, e ainda assim tão distante. Podia andar livremente para cima e para baixo em suas ruas e já tinha até conseguido entrar em alguns apartamentos. Todavia, ainda era um estranho num mundo completamente desconhecido para mim.

Nessa época conheci em Harvard um jovem professor de economia que me impressionou com sua autoconfiança e seu conhecimento de Eastern City. Ele estivera ligado a um centro comunitário e falava levianamente sobre suas associações com os jovens durões do distrito, homens e mulheres. Também descreveu como às vezes entrava num bar na área, travava conhecimento com uma garota, pagava uma bebida para ela e então a encorajava a contar sua história de vida. Ele garantia que as mulheres que encontrava desse modo apreciavam a oportunidade, e que não havia aí qualquer obrigação adicional.

Essa abordagem parecia pelo menos tão plausível quanto qualquer outra que eu tivesse sido capaz de pensar. Resolvi tentar o mesmo. Escolhi o Regal

Hotel, que ficava quase no final de Cornerville. Com uma certa agitação, subi as escadas para a área de comida e lazer e dei uma olhada em volta. O que encontrei foi uma situação para a qual meu conselheiro não me preparara. De fato, havia mulheres, mas nenhuma delas estava sozinha. Algumas se faziam acompanhar por um homem, e havia dois ou três pares de mulheres. Avaliei rapidamente a situação. Sentia pouca confiança em minha habilidade de escolher uma mulher, e me parecia desaconselhável lidar com duas ao mesmo tempo. Ainda assim, estava determinado a não me dar por vencido sem lutar. Olhei em volta de novo e percebi um trio: um homem e duas mulheres. Ocorreu-me que ali havia má distribuição de mulheres, e que eu poderia corrigir isso. Aproximei-me do grupo com uma fala mais ou menos assim: "Perdoem-me. Vocês se importam se eu me juntar a vocês?" Houve um momento de silêncio, enquanto o homem me encarava. E então se ofereceu para me jogar escada a baixo. Garanti que isso não seria necessário, e demonstrei o que dizia saindo de lá sem qualquer ajuda.

Mais tarde descobri que dificilmente alguém de Cornerville teria entrado no Regal Hotel. Se meus esforços ali fossem coroados de sucesso, teriam sem dúvida conduzido a algum lugar, mas certamente não a Cornerville.

Na minha próxima tentativa, escolhi os centros comunitários locais. Eram abertos para o público. Neles podia-se entrar à vontade, e eram operados por pessoas de classe média como eu (com certeza eu não teria falado assim na época). Mesmo naquela oportunidade percebi que, para estudar Cornerville, teria de ir muito além do centro comunitário. Mas talvez os assistentes sociais pudessem me ajudar na partida.

Olhando para trás agora, o centro comunitário continua a parecer um lugar muito pouco promissor para se começar um estudo. Se eu tivesse de principiar novamente, era provável que fizesse minha primeira abordagem por intermédio de um político local, ou, talvez, da Igreja católica, embora não seja católico. John Howard, que trabalhou comigo mais tarde, fez sua entrada com muito sucesso pela Igreja, e ele também não era católico – embora sua esposa fosse.

Seja como for, o centro comunitário provou-se o lugar certo para mim daquela vez, pois foi ali que conheci Doc. Tinha falado com vários assistentes sociais sobre meus planos e esperanças de me familiarizar com as pessoas e estudar o distrito. Ouviram-me com graus de interesse variados. Se tiveram sugestões a dar, não me lembro agora, exceto uma. De alguma forma, a despeito da imprecisão de minhas próprias explicações, a chefe das moças do Centro Comunitário da Norton Street entendeu o que eu buscava. Começou descrevendo Doc para mim. Disse que era uma pessoa muito inteligente e talentosa que, numa certa época, havia sido muito ativa no centro, mas o abandonara, de forma que só muito raramente aparecia por ali. Talvez ele pudesse entender o que eu queria, e certamente tinha os contatos de que eu necessitava. Ela disse que o encontrava com frequência no caminho entre sua casa e o trabalho, e que às vezes paravam para conversar um pouco. Se eu quisesse, marcaria uma hora para me encontrar com ele no centro, à noite. Isso, finalmente, parecia correto. Não perdi essa oportunidade. Quando fui para o distrito naquela noite, senti que ali estava minha grande chance de começar. De alguma forma, Doc teria de me aceitar e se dispor a trabalhar comigo.

Num certo sentido, meu estudo começou na noite de 4 de fevereiro de 1937, quando a assistente social me chamou para conhecer Doc. Ela nos levou para seu escritório e então saiu, para que pudéssemos conversar. Doc afundou-se numa poltrona e esperou calmamente que eu começasse. Era um homem de estatura mediana e compleição magra. Seus cabelos eram de um castanho claro, bem em contraste com o cabelo negro típico dos italianos, e começavam a escassear nas têmporas. A face era afilada, e os olhos, de um azul claro, davam-lhe um ar penetrante.

Comecei perguntando se a assistente social havia falado sobre o que eu queria fazer.

"Não, ela só me disse que você queria se encontrar comigo e que eu ia gostar de conhecê-lo."

Então comecei uma longa explicação que infelizmente omiti de minhas notas. Pelo que me lembro, disse que, no meu tempo de faculdade, havia me interessado por distritos urbanos superpopulosos, mas me sentira muito distanciado deles. Eu esperava estudar os problemas nesses distritos. Sentia que podia fazer muito pouco como alguém de fora. Só seria capaz de atingir a compreensão de que precisava se pudesse conhecer as pessoas e saber de seus problemas em primeira mão.

Doc me ouviu sem alterar sua expressão, de modo que eu não dispunha de qualquer meio de antecipar sua reação. Quando terminei, ele perguntou: "Você quer ver a alta roda ou o povão?"

"Quero ver tudo o que puder. Quero conseguir o quadro mais completo possível da comunidade."

"Bom, qualquer noite que quiser, saio com você por aí. Posso levá-lo aos pontos – pontos de jogos – e andar com você pelas esquinas. Lembre-se apenas de que você é meu amigo. Isso é tudo que precisam saber. Conheço esses lugares, e se eu disser que é meu amigo ninguém vai incomodá-lo. Basta me dizer o que quer ver, e nós providenciamos."

A proposta era tão perfeita que fiquei perdido por um momento, sem saber como responder. Conversamos um pouco mais, e busquei algumas indicações sobre como deveria me comportar em sua companhia. Ele me alertou que eu teria que correr o risco de ser preso numa batida em algum ponto de jogo, mas acrescentou que não seria nada sério. Eu só teria que dar um nome falso, e então o homem responsável pelo lugar conseguiria me liberar pagando apenas uma multa de cinco dólares. Concordei em correr o risco. Perguntei se deveria entrar no jogo com os outros. Ele disse que era desnecessário e, para um incauto como eu, muito desaconselhável.

Finalmente, eu já estava em condições de expressar meu reconhecimento. "Você sabe, os primeiros passos para conhecer uma comunidade são os mais difíceis. Com você, eu posso ver coisas que, de outra forma, não veria durante muitos anos."

"É isso mesmo. Você me diz o que quer ver, e nós arranjamos. Quando quiser alguma informação, eu pergunto e você ouve. Quando quiser descobrir a filosofia de vida deles, começo uma discussão e consigo pra você. Se quiser alguma outra coisa, monto a cena pra você. Simplesmente me diga o que quer e consigo tudo pra você, a história inteira."

"Bom demais. Eu não poderia querer nada melhor que isso. Vou tentar me encaixar legal, mas, a qualquer momento, se você achar que estou entrando pelo caminho errado, quero que me diga."

"Agora a gente está ficando dramático demais. Você não vai ter nenhum problema. Vem como meu amigo. Quando você chega assim, no início todo mundo vai te tratar com respeito. Você pode tomar um monte de liberdades e ninguém vai chiar. Depois de um tempo, quando já te conhecerem, vai ser tratado como qualquer outro – você sabe, dizem que a familiaridade traz a falta de respeito. Mas nunca terá qualquer problema. Só vai ter que tomar cuidado com uma coisa: não pague nada para os outros. Não seja liberal demais com seu dinheiro."

"Você quer dizer que, se fizer isso, vão pensar que sou otário?"

"É, e você não vai querer pagar pra ser aceito."

Conversamos um pouco mais sobre como e quando poderíamos nos encontrar. Então ele me fez uma pergunta: "Você quer escrever algo sobre isso?"

"Quero, em algum momento."

"Você quer mudar as coisas?"

"Bom... Sim, quero. Não vejo como alguém poderia chegar aqui, com as pessoas tão amontoadas, sem dinheiro algum ou nenhum trabalho, e não desejar ver as coisas mudadas. Mas penso que cada pessoa deve fazer aquilo para o qual ela é mais adequada. Não quero ser um reformador, e não sou talhado para ser político. Só quero entender essas coisas o melhor que puder e escrever sobre elas, e se isso tiver alguma influência..."

"Acho que você pode mudar as coisas desse jeito. Na maior parte das vezes, é assim que as coisas são mudadas, escrevendo sobre elas."

Esse foi o começo. Na época achei difícil acreditar que, com seu apoio, minha entrada pudesse ser tão fácil como Doc havia dito. Mas aconteceu exatamente assim.

Enquanto dava meus primeiros passos com Doc, também procurava um lugar para viver em Cornerville. Minha bolsa incluía acomodações muito confortáveis em Harvard, com quarto, sala e banheiro. Eu tinha tentado viver ali e ao mesmo tempo ir a Cornerville fazer a pesquisa. Tecnicamente era factível, mas cada vez mais me convenci de que socialmente tornava-se impossível. Percebi que seria sempre um estranho para a comunidade se não me mudasse para lá. Também encontrei dificuldade para dedicar o tempo que sabia necessário para estabelecer relações mais próximas em Cornerville. A vida no lugar não se desenrolava segundo encontros formalmente agendados. Para encontrar as pessoas, passar a conhecê-las, encaixar-me em suas atividades, tinha que gastar tempo com elas – um bocado de tempo, dia após dia. Quando vive fora de Cornerville, você pode vir uma determinada tarde ou noite apenas para descobrir que as pessoas que pretendia ver não estão ali naquele momento. Ou, mesmo se nada as encontrasse, podia ver o tempo passando sem acontecer absolutamente nada. Você podia ficar dando voltas com pessoas cuja única ocupação era conversar fiado ou andar à toa para não se aborrecer.

Em diversas tardes e noites, em Harvard, me peguei pensando em ir a Cornerville e então fazendo uma racionalização qualquer para não ir. Como poderia saber se ia encontrar as pessoas que queria ver? Mesmo se isso acontecesse, como poderia ter certeza de que aprenderia alguma coisa hoje? Em vez de sair às cegas para Cornerville, poderia aproveitar meu tempo lendo livros e artigos para preencher minha lamentável ignorância de sociologia e antropologia social. E também tinha que admitir que, naquela época, sentia-me mais confortável nesse ambiente familiar que a vagar por Cornerville e a gastar tempo com pessoas em cuja presença sentia-me indiscutivelmente desconfortável.

Quando me percebi racionalizando dessa forma, entendi que teria de fazer o corte. Só se vivesse em Cornerville eu seria capaz de um dia entendê-la e aceitá-la por si mesma, como era. No entanto, ficava difícil achar um lugar. Num distrito tão superpovoado, praticamente inexistia um cômodo desocupado. Poderia achar um quarto no Centro Comunitário da Norton Street, mas percebi que deveria conseguir algo mais que isso, se possível.

A melhor dica me foi dada pelo editor de um jornal semanal publicado em inglês para a colônia ítalo-americana. Eu falara antes com ele sobre meu estudo, e ele fora simpático. Agora eu voltava, pedindo ajuda para encontrar um quarto. Levou-me aos Martini, uma família que operava um pequeno restaurante. Fui almoçar lá e depois conversei com o filho. Ele foi receptivo, mas disse que não tinham espaço para mais uma pessoa. Ainda assim, gostei do lugar e apreciei a comida. Voltei lá várias vezes só para comer. Numa delas, encontrei o editor, e ele me convidou para sua mesa. No início fez algumas perguntas exploratórias sobre meu estudo o que eu procurava, qual minha conexão com Harvard, o que eles esperavam conseguir, e assim por diante. Depois que respondi de uma forma que infelizmente não anotei, disse-me que estava satisfeito e que, de fato, já havia me defendido com pessoas que achavam que eu podia estar ali para "criticar nosso povo".

Discutimos meu problema de alojamento de novo. Mencionei a possibilidade de viver no Centro Comunitário da Norton Street. Ele concordou, mas acrescentou: "Seria muito melhor se ficasse com uma família. Você aprenderia a língua muito mais rapidamente e ficaria conhecendo as pessoas. Mas você quer uma boa família, uma família educada. Não quer se envolver com tipos inferiores. Você quer uma família boa mesmo."

Então virou-se para o filho da casa, com quem eu havia falado, e perguntou: "Você não pode conseguir um lugar para o sr. Whyte em sua casa?" Al Martini pensou um momento e disse: "Talvez a gente consiga resolver. Vou falar com a Mama de novo."

Ele falou com a Mama, e encontraram um lugar. Na verdade, ele cedeu seu quarto para mim e passou a dividir uma cama dupla com o filho do cozinheiro. Protestei timidamente a respeito do arranjo, mas tudo já estava decidido – exceto o preço. Eles não sabiam quanto cobrar de mim, e eu não sabia quanto oferecer. Finalmente, após algumas idas e vindas, ofereci quinze dólares por mês, e eles fecharam por doze.

O quarto era simples, mas adequado aos meus propósitos. Não tinha aquecimento, porém, quando comecei a datilografar minhas notas, consegui um pequeno aquecedor a óleo. Não havia banheira na casa, mas, de qualquer modo, eu tinha quer ir a Harvard com frequência e usava as instalações da grande universidade (o quarto de meu amigo Henry Guerlac) para um banho ocasional de banheira ou de chuveiro.

Fisicamente, o lugar dava para viver e me propiciou muito mais que apenas uma base física. Eu estava entre os Martini apenas há uma semana quando descobri que era muito mais que um pensionista para eles. Fazia muitas das refeições no restaurante e às vezes ficava para conversar um pouco com a família, antes de ir para a cama à noite. Então, numa tarde, eu estava em Harvard e percebi que começava a pegar uma gripe forte. Como ainda conservava meu quarto ali, pareceu razoável passar a noite na universidade. Não pensei em comunicar meu plano aos Martini.

No dia seguinte, quando cheguei ao restaurante para almoçar, Al Martini me recebeu calorosamente e disse que todos tinham ficado preocupados porque eu não voltara para casa na noite anterior. A Mama permanecera acordada até as duas horas, à minha espera. Como eu era um jovem estrangeiro na cidade, ficou imaginando todas as coisas que poderiam me acontecer. Al me disse que a Mama tinha passado a me ver como um membro da família. Eu era livre para ir e vir como quisesse, mas ela não se preocuparia tanto se soubesse os meus planos.

Fiquei muito comovido com esse pedido e decidi ser, dali em diante, o melhor filho que pudesse para os Martini.

No início eu me comunicava com a Mama e o Papa basicamente com sorrisos e gestos. O Papa não sabia nada de inglês, e o conhecimento da Mama estava limitado a uma única frase, que usava quando alguns dos garotos da rua faziam barulho em baixo de sua janela enquanto tentava tirar a soneca da tarde. Enfiava a cabeça para fora da janela e gritava: "Seusfilhodaputadesgraçado! Foradaqui!"

Algumas semanas antes, ao preparar minha mudança para o distrito, eu havia começado a estudar italiano por conta própria, com o auxílio de um linguafone. Uma manhã, Papa Martini, como eu já o chamava, passou por mim quando eu falava com o gravador. Ficou parado à porta, ouvindo por alguns momentos, tentando entender essa conversa peculiar. Então meteu-se quarto adentro com exclamações fascinadas. Sentou-se perto de mim, enquanto eu explicava o funcionamento da máquina e o método. Depois disso, ficava encantado quando trabalhava comigo, e eu o chamava de meu professor de italiano. Em pouco tempo chegamos a um estágio no qual eu podia entabular conversas simples, e, graças ao linguafone e a Papa Martini, o italiano que saía aparentemente soava autêntico. Ele gostava de me apresentar a seus amigos como "*un paesano mio*" – um homem de sua cidade natal na Itália. Quando tinha o cuidado de manter minhas falas dentro dos limites de meu vocabulário, às vezes podia passar por um imigrante da vila de Viareggio, na província da Toscana.

Como a pesquisa fizera com que eu me concentrasse quase exclusivamente na geração mais jovem, que falava inglês, meu conhecimento de italiano provou-se desnecessário para os propósitos do estudo. No entanto, tinha certeza de que era importante para estabelecer minha posição social em Cornerville – mesmo com aquela geração mais jovem. Havia professores e assistentes sociais que trabalharam em Cornerville durante vinte anos e, ainda assim, não fizeram qualquer empenho para aprender italiano. Meu esforço em aprender a língua provavelmente foi mais útil para demonstrar a sinceridade de meu interesse do que qualquer coisa que eu pudesse ter dito às pessoas a meu respeito e de meu trabalho. Como poderia um pesquisador planejar "criticar nosso povo" quando se deu ao trabalho de aprender a língua? Com a língua vem a compreensão, e com certeza é mais fácil criticar as pessoas se você não as compreende.

Meus dias com os Martini eram assim: acordava por volta das nove horas e tomava café. Al Martini disse que eu podia tomar o desjejum no restaurante, contudo, por mais que desejasse me ajustar, nunca consegui tomar o café da manhã deles, composto de café com leite e uma fatia de pão.

Depois de comer, voltava para o quarto e passava o resto da manhã, ou a maior parte dela, datilografando as notas que havia tomado sobre os acontecimentos da véspera. Almoçava no restaurante e então ia para a esquina. Usualmente voltava para jantar no restaurante e depois saía para a noite.

Em geral voltava para casa entre onze horas e meia-noite, quando o restaurante estava vazio, exceto talvez por uns poucos amigos da família. Então eu podia me juntar a Papa na cozinha; ficava conversando e ajudava a enxugar os pratos; ou puxava uma cadeira e me juntava à conversa da família em volta das mesas próximas da cozinha. Havia um copo de vinho para bebericar, e eu podia ficar ali, basicamente ouvindo e de vez em quando testando com eles meu pequeno mas crescente vocabulário italiano.

O padrão era diferente no domingo, quando o restaurante fechava às duas horas e os dois irmãos e a irmã de Al, mais esposas, marido e filhos, vinham para um grande almoço domingueiro. Insistiam para que eu almoçasse com eles, dessa vez como membro da família, sem pagar pela refeição. Sempre havia mais comida do que eu conseguia comer, mas era delicioso, e eu engolia tudo acompanhado por dois copos de vinho Zinfandel. Qualquer tensão que pudesse ter sofrido em meu trabalho na semana anterior desaparecia enquanto eu comia, bebia e depois ia para o quarto, tirar uma soneca de uma ou duas horas, da qual saía completamente renovado e pronto para partir novamente rumo às esquinas de Cornerville.

Embora tivesse feito vários contatos úteis no restaurante, ou por intermédio da família, não foi por isso que os Martini se tornaram importantes para mim. Há um desgaste quando se faz esse tipo de trabalho de campo. Ele é maior quando você é um estranho e está constantemente se perguntando se as pessoas vão aceitá-lo. Por mais que goste do que está fazendo, você deve desempenhar um papel enquanto observa e entrevista, e nunca está completamente descontraído. Era um sentimento maravilhoso poder voltar para casa depois de um dia de trabalho e relaxar e me distrair com a família. Provavelmente teria sido impossível para mim realizar um estudo tão intensivo de Cornerville se não tivesse uma casa como aquela de onde sair e à qual pudesse retornar.

No começo, com Doc

Ainda posso me lembrar de minha primeira saída com Doc. Nos encontramos uma noite no Centro Comunitário da Norton Street e saímos de lá para um ponto de jogo a alguns quarteirões de distância. Segui Doc ansiosamente, por um longo e escuro corredor nos fundos de um prédio de apartamentos. Eu não me preocupava com a possibilidade de uma batida policial. Pensava em como me encaixar e ser aceito. Entramos por uma pequena cozinha quase vazia e com as paredes descascadas. Logo que passamos a porta, tirei o chapéu e procurei um lugar onde o pendurar. Não havia. Olhei em volta, e aqui aprendi minha primeira lição de observador participante em Cornerville: não tire o chapéu quando entrar numa casa – pelo menos quando estiver entre homens. Pode-se permitir, mas certamente não é exigido, tirar o chapéu quando houver mulheres.

Doc me apresentou como "meu amigo Bill" a Chichi, que administrava o lugar, e aos amigos e fregueses de Chichi. Fiquei parte do tempo com Doc na cozinha, onde vários homens estavam sentados conversando; e parte na outra sala, olhando o jogo de dados.

Havia conversas sobre jogo, corrida de cavalos, sexo e outros assuntos. Na maior parte do tempo, apenas ouvia e tentava agir de maneira amigável e interessada. Tomamos vinho, café com anis, e cada um da roda dava sua contribuição para pagar as bebidas. (Doc não me deixou pagar minha parte nessa primeira vez.) Como ele havia antecipado, ninguém perguntou nada sobre mim, mas depois ele me disse que, quando fui ao toalete, houve uma torrente de diálogos excitados em italiano, e que ele teve de garantir que eu não era agente do FBI. Contou-me que simplesmente informou que eu era um amigo seu, e eles concordaram em deixar por isso mesmo.

Fomos muitas outras vezes juntos ao ponto de jogo de Chichi, até que chegou a hora em que ousei ir sozinho. Quando passei a ser cumprimentado de maneira natural e amigável, senti que começava a encontrar um lugar para mim em Cornerville.

Quando Doc não ia ao jogo, passava seu tempo em volta da Norton Street, e comecei a ficar ali com ele. No início, Norton Street significava apenas um ponto onde me punha à espera para ir a outro lugar. Gradualmente, à medida que conhecia melhor os rapazes, vi que me tornava um integrante da gangue da Norton Street.

Então formou-se o Clube da Comunidade Italiana no Centro Comunitário da Norton Street, e Doc foi convidado para ser sócio. Ele manobrou para que eu fosse aceito no clube, e fiquei feliz, pois via que representava algo totalmente diferente das gangues de esquina que eu estava conhecendo.

Quando comecei a encontrar os homens de Cornerville, também entrei em contato com algumas garotas. Uma vez levei uma delas para uma dança na igreja. Na manhã seguinte, os camaradas na esquina me perguntaram: "Como vai sua namorada?" Isso me deu uma sacudida. Aprendi que ir à casa da garota era algo que você simplesmente não fazia, a menos que esperasse se casar com ela. Felizmente a garota e sua família sabiam que eu não conhecia os costumes locais, e não presumiram que eu estivesse me comprometendo. No entanto, o aviso foi útil. Embora achasse algumas garotas de Cornerville extremamente atraentes, nunca mais saí com uma delas, exceto em grupo, e nunca mais as visitei em casa.

Com o passar do tempo, descobri que a vida em Cornerville não era nem de perto tão interessante e agradável para as garotas como para os homens. Um rapaz tinha total liberdade para sair e andar à toa. As garotas não podiam ficar pelas esquinas. Tinham que dividir seu tempo entre sua casa, a casa das amigas e dos parentes e um emprego, se fosse o caso. Muitas delas tinham um sonho mais ou menos assim: um dia chegaria um jovem de fora de Cornerville, com algum dinheiro, um bom emprego e uma boa educação, e as cortejaria e levaria para fora dali. Dificilmente eu teria condição de preencher esse perfil.

Treino em observação participante

A primavera de 1937 me propiciou um curso intensivo de observação participante. Aprendi a me conduzir, e fiz isso no convívio de vários grupos, em particular com os Norton.

Quando comecei a andar por Cornerville, descobri que precisava dar uma explicação para minha presença ali e para meu estudo. Se estivesse com Doc, endossado por ele, ninguém me perguntava quem eu era ou o que fazia. Quando circulava sem ele em outros grupos, ou mesmo entre os Norton, era óbvio que tinham curiosidade a meu respeito.

Comecei com uma explicação bastante elaborada. Eu estudava a história social de Cornerville – mas de um novo ângulo. Em vez de trabalhar do passado para o presente, buscava um amplo conhecimento das condições presentes e, depois, seguiria em direção ao passado. Na época estava bastante satisfeito com minha fala, mas ninguém parecia se importar com ela. Só dei essa explicação duas vezes, e quando terminei ficou aquele silêncio incômodo. Ninguém, inclusive eu mesmo, sabia o que dizer.

Embora essa explicação tivesse ao menos a virtude de abarcar qualquer coisa que eu algum dia quisesse fazer no distrito, era aparentemente complicada demais para significar algo para as pessoas de Cornerville.

Logo descobri que essas pessoas desenvolviam sua própria explicação a meu respeito: eu escrevia um livro sobre Cornerville. Pode parecer uma explicação absolutamente vaga, mas ainda assim foi suficiente. Descobri que minha aceitação no distrito dependia das relações pessoais que desenvolvi, muito mais que de qualquer explicação que pudesse dar. Se escrever um livro sobre Cornerville era ou não boa coisa, isso dependia inteiramente das opiniões que as pessoas tinham sobre mim, sobre a minha pessoa. Se fosse favorável, então meu projeto estava bem; se fosse desfavorável, então nenhuma explicação que eu desse poderia convencê-las do contrário.

É claro que as pessoas não satisfaziam sua curiosidade a meu respeito apenas com perguntas que me fizessem diretamente. Procuravam Doc, por exemplo, e indagavam. Doc então respondia às perguntas e dava as garantias necessárias.

Durante meu período em Cornerville, aprendi bem rapidamente a importância crucial de ter o apoio dos indivíduos-chave de qualquer grupo ou organização que eu estudasse. Em vez de tentar me explicar a todos, descobri que as informações sobre mim e meu estudo que eu dava a líderes como Doc eram muito mais detalhadas que as que oferecia ao rapaz comum da esquina. Sempre tentava transmitir a todos a impressão de que estava disposto e ansioso para falar sobre meu estudo para qualquer um, mas só com os líderes dos grupos eu fazia um esforço especial para realmente passar a informação completa.

Minha relação com Doc mudou rapidamente nesse primeiro período em Cornerville. No início, ele era apenas um informante-chave – e também meu padrinho. À medida que passávamos o tempo juntos, parei de tratá-lo como um informante passivo. Discutia bastante francamente com ele o que eu tentava fazer, que problemas me intrigavam, e assim por diante. Muito de nosso tempo era gasto nessa discussão de ideias e observações, de modo que Doc se tornou, num sentido muito real, um colaborador da pesquisa.

Esse pleno conhecimento da natureza de meu estudo estimulou Doc a procurar e me mostrar os tipos de observação pelas quais me interessava. Muitas vezes, quando eu o pegava no apartamento onde vivia com a irmã e o cunhado, ele me dizia: "Bill, você devia estar aqui ontem à noite. Teria ficado curioso com isso." E então prosseguia contando o que acontecera. Seus relatos eram sempre interessantes e valiosos para meu estudo.

Doc achava atraente e prazerosa essa experiência de trabalhar comigo, mas, mesmo assim, a relação tinha seus aspectos negativos. Uma vez ele comentou: "Você me fez diminuir a velocidade desde que está aqui. Agora, quando faço alguma coisa, tenho que pensar o que Bill Whyte gostaria de saber sobre isso e como posso explicar a ele. Antes costumava fazer tudo por instinto."

No entanto, Doc não parecia considerar este um problema sério. Na verdade, sem ter qualquer treinamento, ele era um observador tão perceptivo que bastava um pequeno estímulo para ajudá-lo a tornar explícitas muitas das dinâmicas da organização social de Cornerville. Algumas das interpretações que fiz são mais dele que minhas, embora seja impossível desemaranhá-las agora.

Embora trabalhasse mais próximo de Doc que de qualquer outra pessoa, sempre busquei os líderes em qualquer grupo que estivesse estudando. Queria não apenas seu apoio, mas também uma colaboração mais ativa com o estudo. Como as posições desses líderes na comunidade lhes permitiam observar muito melhor que os seguidores o que acontecia, e como eram em geral observadores mais habilidosos que os seguidores, descobri que tinha muito a aprender por meio de uma cooperação mais ativa com eles.

Quanto aos métodos de entrevista, havia sido orientado para não discutir com as pessoas, nem fazer julgamentos morais sobre elas. Isso estava bem de acordo com minhas próprias inclinações. Apreciava aceitar as pessoas e ser aceito por elas. No entanto, essa atitude não aparecia tanto nas entrevistas, pois tive poucas conversas formais. Buscava mostrar essa aceitação interessada pelas pessoas e pela comunidade em minha participação cotidiana em suas vidas.

Aprendi a participar das discussões na esquina sobre beisebol e sexo. Isso não exigiu qualquer treinamento especial, pois esses temas pareciam ser de interesse quase universal. Eu não era capaz de participar tão ativamente das discussões sobre corridas de cavalos. Comecei a seguir as corridas de maneira bastante geral e amadora. Tenho certeza de que teria valido a pena devotar mais tempo ao estudo do *Morning Telegraph* e outras publicações sobre corridas, mas meu conhecimento de beisebol pelo menos garantiu que eu não fosse deixado de fora das conversas nas esquinas.

Embora evitasse expressar opiniões sobre questões melindrosas, descobri que discutir sobre alguns assuntos era simplesmente parte do padrão social, e que dificilmente alguém poderia participar sem se juntar à discussão. Muitas vezes achei-me envolvido em discussões acaloradas, mas cordiais, sobre os méritos relativos de determinados jogadores ou dirigentes de algum time importante.

Sempre que uma garota ou grupo de garotas viesse andando pela rua, os rapazes da gangue tomavam notas mentais para depois discutir suas avaliações sobre elas. Essas avaliações tinham a ver, basicamente, com questões de forma, e aí eu tinha prazer de argumentar que Mary possuía um corpo melhor que Ana, ou vice-versa. É claro que, se alguns dos rapazes fossem pessoalmente ligados a Mary ou Ana, não se faria qualquer comentário indiscreto, e eu também evitaria esse tópico.

Às vezes ficava pensando se simplesmente estar parado na esquina seria um processo suficientemente ativo para ser dignificado pelo termo "pesquisa". Talvez devesse fazer perguntas a esses homens. No entanto, é preciso aprender quando perguntar e quando não perguntar, e também que perguntas fazer.

Aprendi essa lição uma noite, nos primeiros meses, quando estava com Doc no ponto de jogo de Chichi. Um homem de outra parte da cidade estava nos regalando com uma história sobre a organização das atividades relacionadas com o jogo. Haviam me dito que ele fora grande operador de jogos e falava com conhecimento de causa sobre muitos assuntos interessantes. Falou a maior parte do tempo, mas, como os outros faziam perguntas e comentários, achei, numa certa altura, que deveria dizer alguma coisa para participar. E perguntei: "Imagino que os tiras eram todos subornados, não?"

O queixo do jogador caiu. Ele me encarou. E então negou com veemência que qualquer policial tivesse sido subornado, e imediatamente mudou de assunto. Passei o resto daquela noite sentindo-me muito desconfortável.

No dia seguinte, Doc explicou a lição da noite anterior. "Vá devagar, Bill, com essa coisa de 'quem', 'o quê', 'por quê', 'quando', 'onde'. Você pergunta essas coisas e as pessoas se fecharão em copas. Se te aceitam, basta que você fique por perto, e saberá as respostas a longo prazo, sem nem mesmo ter que fazer as perguntas."

Descobri que isso era verdade. Sentando e ouvindo, soube as respostas às perguntas que nem mesmo teria tido a ideia de fazer se colhesse minhas informações apenas por entrevistas. Não abandonei de vez as perguntas, é claro. Simplesmente aprendi a julgar quão delicada era uma questão e a avaliar minha relação com a pessoa, de modo a só fazer uma pergunta delicada quando estivesse seguro da solidez de minha relação com ela.

Depois de ter estabelecido minha posição na esquina, os dados vinham a mim sem esforços muito ativos de minha parte. Apenas ocasionalmente, quando estava preocupado com um problema específico e sentia necessidade de novas informações sobre um certo indivíduo, apenas então eu buscava uma oportunidade de encontrá-lo a sós e fazer uma entrevista mais formal.

No início, concentrei-me na tarefa de me ajustar a Cornerville, embora um pouco mais tarde tivesse de enfrentar a questão de até que ponto ia me envolver na vida do distrito. Dei de cara com o problema numa noite, quando descia a rua com os Norton. Tentando entrar no espírito do papo furado, soltei um monte de obscenidades e vulgaridades. Todos pararam por um momento e olharam para mim, surpreendidos. Doc balançou a cabeça e disse: "Bill, a gente não espera que você fale desse jeito. Não combina com você."

Tentei explicar que somente usava termos comuns na esquina. Doc insistiu, no entanto, que eu era diferente, e que eles queriam que eu continuasse assim.

A lição foi muito além do emprego de obscenidades e vulgaridades. Aprendi que as pessoas não esperavam que eu fosse exatamente igual a elas; na realidade, estavam interessadas em mim e satisfeitas comigo porque viam que eu era diferente, bastava que tivesse um interesse amigável por elas. Abandonei portanto meus esforços de imersão total. Ainda assim, meu comportamento foi afetado pela vida na esquina. Quando John Howard chegou de Harvard para se juntar a mim no estudo do lugar, notou na mesma hora que minha maneira de conversar em Cornerville era muito diferente da que eu tinha em Harvard. Não era uma questão de usar imprecações ou obscenidades, nem de eu me forçar a usar expressões gramaticalmente incorretas. Eu falava de um jeito que me parecia natural, mas o natural de Cornerville não era o mesmo de Harvard. Em Cornerville encontrei-me dando muito mais vivacidade à minha fala, engolindo as terminações de algumas palavras e gesticulando de maneira muito mais expressiva. (Havia também, é claro, a diferença de vocabulários. Quando estava mais profundamente envolvido em Cornerville, vi-me bastante desarticulado durante minhas visitas a Harvard. Eu simplesmente não conseguia acompanhar as discussões sobre relações internacionais, a natureza da ciência e coisas assim, nas quais antes me sentira mais ou menos à vontade.)

À medida que fui sendo aceito pelos Norton e por vários outros grupos, tentei me tornar bastante agradável, de modo que as pessoas tivessem prazer de me ver por perto. Ao mesmo tempo, tentei não influenciar o grupo, porque queria estudar a situação da maneira menos afetada possível por minha presença. Assim, durante toda a minha estada em Cornerville, evitei aceitar empregos ou posições de liderança em qualquer dos grupos, com uma única exceção. Uma vez fui nomeado secretário do Clube da Comunidade Italiana. Meu primeiro impulso foi declinar da indicação, mas então refleti que a função do secretário é normalmente considerada menor – escrever as atas e cuidar da correspondência. Aceitei e descobri que poderia fazer um registro muito completo do desenrolar das reuniões enquanto elas aconteciam, sob o pretexto de tomar notas para as atas.

Embora tenha evitado influenciar indivíduos ou grupos, tentei ser útil em Cornerville da maneira como ali se espera que um amigo ajude o outro. Quando um dos rapazes tinha de ir fazer alguma coisa no centro da cidade e queria companhia, eu ia junto. Quando alguém tentava conseguir um emprego e devia escrever uma carta falando de si mesmo, eu o ajudava a escrever, e assim por diante. Esse tipo de comportamento não apresentava problema algum, mas quando se tratava de lidar com dinheiro, de modo algum estava claro como eu deveria me conduzir. Certamente, buscava gastar dinheiro com meus amigos do mesmo jeito que faziam comigo. Mas e quanto a emprestar? Num lugar como Cornerville, espera-se que um homem ajude seus amigos sempre que possa, e muitas vezes a ajuda necessária é financeira. Emprestei dinheiro em diversas ocasiões, mas sempre me senti desconfortável a respeito disso. Naturalmente uma pessoa gosta quando você lhe empresta dinheiro, mas o que sente ela quando chega a hora de pagar e não tem como? Talvez fique embaraçada e tente evitar sua companhia. Nessas ocasiões, eu tentava encorajar meu amigo, dizendo saber que não tinha como me pagar no momento e que isso não me preocupava. Ou então dizia para esquecer a dívida de uma vez por todas. Mas isso não a apagava do livro de contabilidade, e o desconforto permanecia. Aprendi que é possível fazer um favor para um amigo e, no processo, causar um dano à relação.

Não conheço solução fácil para esse problema. Tenho certeza de que haverá circunstâncias nas quais o pesquisador agiria muito mal caso se recusasse a fazer um empréstimo a uma pessoa. Por outro lado, estou convencido de que, sejam quais forem os seus recursos financeiros, ele não deve buscar oportunidade de emprestar dinheiro, e precisa evitar fazer isso, sempre que possa, de maneira elegante.

Se o pesquisador estiver tentando entrar em mais de um grupo, seu trabalho de campo torna-se mais complicado. Pode haver momentos em que os grupos entrem em conflito um com o outro, e esperam que ele tome posição. Uma vez, na primavera de 1937, os rapazes combinaram um jogo de boliche entre os Norton e o Clube da Comunidade Italiana. Doc jogou pelos Norton, é claro. Felizmente meu jogo naquela época não havia chegado a um nível que me tornasse disputado por qualquer dos times, e pude ficar sentado assistindo. De lá eu tentava aplaudir, imparcialmente, os bons lances dos dois times, embora tema que estivesse evidente o crescente entusiasmo de meus aplausos para os Norton.

Quando estava com os sócios do Clube da Comunidade Italiana, de forma alguma me sentia chamado a defender os rapazes da esquina contra quaisquer observações depreciativas. No entanto, houve uma ocasião constrangedora, quando estava com os rapazes da esquina e um dos rapazes formados parou para falar comigo. No meio da conversa, ele disse: "Bill, esses caras não vão entender o que quero dizer, mas tenho certeza de que você entende." Eu pensei que tinha de dizer alguma coisa, e falei que ele estava muito equivocado ao subestimar os rapazes, e que os formados não eram os únicos inteligentes.

Embora a observação estivesse de acordo com minha inclinação natural, estou certo de que ela se justificava de um ponto de vista estritamente prático. Minha resposta não abalou o sentimento de superioridade do rapaz formado, nem perturbou nossa relação pessoal. Por outro lado, ficou claro, logo que ele saiu, como os rapazes da esquina tinham ficado profundamente sentidos com aquela observação. Passaram algum tempo expressando, de maneira explosiva, o que achavam do cara. Então me disseram que eu era diferente, que apreciavam isso, e que eu sabia muito mais do que esse cara, e mesmo assim não me exibira.

A primeira primavera que passei em Cornerville serviu-me para estabelecer uma posição sólida na vida do distrito. Estava lá somente há umas semanas quando Doc me disse: "Você é uma coisa tão parte desta esquina como aquele poste ali." Talvez o evento mais importante a sinalizar minha aceitação entre os Norton tenha sido o jogo de beisebol que Mike Giovanni organizou contra o grupo dos rapazes da Norton Street que tinham perto de vinte anos. Os homens mais velhos haviam acumulado gloriosas vitórias no passado contra os mais jovens, que então começavam a surgir. Mike me deu uma posição regular no time, acho que talvez não fosse uma posição-chave (eu fiquei na primeira base), mas pelo menos estava jogando. Quando chegou minha vez de rebater, na segunda parte da nono tempo, o escore estava apertado, já houvera duas fora, e as bases estavam carregadas. Quando me abaixei para pegar o bastão, ouvi algum dos camaradas sugerir a Mike que ele devia pôr um rebatedor da reserva. Mike respondeu numa voz alta que só podia ser para eu ouvir: "Não, tenho confiança em Bill Whyte. Ele vai se sair bem desse aperto." Então, com o estímulo da confiança de Mike, fui lá, perdi duas rebatidas e depois bati uma bola difícil, que passou entre a segunda base e a base central. Pelo menos foi o que me disseram. Estava tão ocupado tratando de chegar à primeira base que não sei se cheguei lá por erro ou por ter feito uma rebatida indefensável mesmo.

Naquela noite, quando descemos para um café, Danny me presenteou com um anel, por ser um companheiro regular e um jogador bastante bom. Fiquei particularmente impressionado com o anel, pois tinha sido feito a mão. Danny começara com um dado de âmbar claro, que já não tinha utilidade em seu jogo. Durante longas horas, usou o cigarro aceso para fazer um furo no dado e arredondar os cantos, de modo que a parte de cima ficasse com o formato de um coração. Assegurei meus amigos de que guardaria aquele anel comigo para sempre.

Talvez devesse acrescentar que minha rebatida, que nos deu a vitória, resultou no escore 18-17, a mostrar que eu não era o único a acertar a bola. Ainda assim, foi um sentimento maravilhoso ter conseguido corresponder quando eles contavam comigo, e isso me fez sentir mais ainda que tinha um lugar na Norton Street. 🙢

QUESTÕES E TEMAS PARA DISCUSSÃO

1. Observar a importância, no tipo de pesquisa realizado pelo autor, de situar seus antecedentes pessoais: como sua situação de classe e outros indicadores sociais influíram na interação com os indivíduos estudados.
2. Embora a observação participante envolva a proximidade cotidiana com o grupo, o pesquisador não se torna um "nativo". Isso fica claro, no texto lido, na crítica que o grupo fez ao uso de palavras inadequadas pelo pesquisador. Há, portanto, uma tensão constante entre proximidade e distância nesse tipo de experiência de pesquisa.
3. Foote Whyte descreve um evento marcante para sua aceitação entre os Norton: sua participação num jogo de beisebol. Perceba a existência de momentos similares de "rituais de passagem" que marcam a aceitação do indivíduo pelo grupo em outros contextos sociais.

LEITURAS SUGERIDAS

Goldenberg, Mirian. *A arte de pesquisar*. Rio de Janeiro, Record, 2002.
Velho, Gilberto e Karina Kuschnir (orgs.). *Pesquisas urbanas: desafios do trabalho antropológico*. Rio de Janeiro, Zahar, 2003.
Whyte, William Foote. *Sociedade de esquina*. Rio de Janeiro, Zahar, 2005.

Referências dos textos e traduções*

1. Marx, Engels e a crítica do capitalismo
A ideologia alemã: in Karl Marx e Friedrich Engels, *A ideologia alemã*. São Paulo, WMF Martins Fontes, 2008, p.3-21, tradução de Luis Cláudio de Castro e Costa.

O caráter fetichista da mercadoria e seu segredo: in Karl Marx, *A mercadoria*. São Paulo, Ática, 2006, p.67-85, tradução de Jorge Grespan.

2. Durkheim e o nascimento da sociologia como disciplina científica
O estudo dos fatos sociais e o método da sociologia: in *As regras do método sociológico*, cap. I e conclusão; disponível em: http://www.uqac.uquebec.ca/zone30/Classiques_des_sciences_sociales/index.html, tradução de André Telles.

3. Simmel e a interação social
O âmbito da sociologia: in *Questões fundamentais da sociologia*. Rio de Janeiro, Zahar, 2006, p.7-23, tradução de Pedro Caldas.

4. Weber, Schutz e a sociologia como ciência da compreensão
Sociologia interpretativa: in Alfred Schutz, *Fenomenologia e relações sociais*. Rio de Janeiro, Zahar, 1979, p.267-73, tradução revista por Angela Melin.

Os tipos ideais: in Max Weber, *A "objetividade" do conhecimento nas ciências sociais*. São Paulo, Ática, 2006, p.37-75, tradução revista por Gabriel Cohn.

Os três tipos puros de dominação legítima: in Max Weber, *A "objetividade" do conhecimento nas ciências sociais*, Col. Grandes Cientistas Sociais. São Paulo, Ática,1986, p.128-41, tradução revista por Gabriel Cohn.

---

* Por critério dc organizador, optou-se nesta seleção por não usar a maioria das notas presentes nas edições originais dos textos aqui reproduzidos.

5. A gênese da sociedade ocidental moderna segundo Elias
O processo civilizador: o desenvolvimento do conceito de *civilité*: in *O processo civilizador: uma história dos costumes*. Rio de Janeiro, Zahar, vol.1, 2ª ed., 2011, p.65-70, tradução de Ruy Jungmann, revisão e apresentação de Renato Janine Ribeiro. (© *Norbert Elias Estate*.)

6. Indivíduo, pessoa e biografia: a sociologia da vida cotidiana, por Erving Goffman
Biografia e identidade social: in *Estigma: notas sobre a manipulação da identidade deteriorada*. Rio de Janeiro, Zahar, 4ª ed., 1982, p.72-84, tradução de Marcia Bandeira de Mello Leite Arieira.

7. Regras sociais e comportamentos desviantes: a sociologia do desvio, por Howard S. Becker
Outsiders: in *Outsiders: estudos de sociologia do desvio*. Rio de Janeiro, Zahar, 2009, p.15-30, tradução de Maria Luiza X. de A. Borges. (© *1963, The Free Press of Glencoe. Copyright renovado* © *1991, Howard S. Becker. Reprodução autorizada com permissão da Free Press, uma divisão de Simon & Schuster, Inc.*).

8. A sociologia do campo político, por Pierre Bourdieu
O campo político: versão da conferência em português publicada in *Revista Brasileira de Ciência Política*, n.5., 2011, tradução de André Villalobos. Direitos de tradução concedidos pela *Revista Brasileira de Ciência Política*. (© *Pierre Bourdieu. In: Pierre Bourdieu, "Conférence: Le champ politique", Propos sur le champ politique. Lyon, PUL, 2000.*)

9. A transformação das pessoas em mercadoria, por Zygmunt Bauman
O segredo mais bem-guardado da sociedade de consumidores: in *Vida para consumo: a transformação das pessoas em mercadoria*. Rio de Janeiro, Zahar, 2008, p.12-31, tradução de Carlos Alberto Medeiros.

10. Da sociologia como um artesanato intelectual, por C. Wright Mills
Sobre o artesanato intelectual: in *Sobre o artesanato intelectual e outros ensaios*. Rio de Janeiro, Zahar, 2009, p.21-58, tradução de Maria Luiza X. de A. Borges, seleção e introdução de Celso Castro. (*Reprodução autorizada com permissão da Oxford University Press* © *Oxford University Press, Inc.*)

11. A pesquisa de campo em sociologia: a observação participante de William Foote Whyte
Sociedade de esquina: a prática da pesquisa: in *Sociedade de esquina*. Rio de Janeiro, Zahar, 2005, p.291-307, tradução de Maria Lúcia de Oliveira.

1ª EDIÇÃO [2014] 5 reimpressões

ESTA OBRA FOI COMPOSTA POR MARI TABOADA
EM MINISTER E FRUTIGER E IMPRESSA EM OFSETE PELA
GRÁFICA PAYM SOBRE PAPEL ALTA ALVURA DA SUZANO S.A.
PARA A EDITORA SCHWARCZ EM MAIO DE 2021

A marca FSC® é a garantia de que a madeira utilizada na fabricação do papel deste livro provém de florestas que foram gerenciadas de maneira ambientalmente correta, socialmente justa e economicamente viável, além de outras fontes de origem controlada.